Kurt Tepperwein

Beruf und Berufung

Jedes Werkzeug
erweist sich als stumpf,
wenn nicht ein lebendiger
GEIST dahinter steht.

Albert Einstein
(Physiker)

Kurt Tepperwein

Beruf und Berufung

So gewinnen Sie mehr Erfolg und Glück
im Leben

mvg

Die Deutsche Bibliothek – CIP-Einheitsaufnahme

Tepperwein, Kurt:
Beruf und Berufung : So gewinnen Sie mehr Erfolg und Glück im Leben / Kurt Tepperwein / Landsberg am Lech : mvg-verlag, 2000
(mvg Hardcover 072 650)
ISBN 3-478-72650-6

Umschlaggestaltung: Felix Weinold, Schwabmünchen
Satz: mi, Sabine Linder
Druck: Himmer GmbH, Augsburg
Bindung: Thomas Buchbinderei, Augsburg
Printed in Germany 072 650/300402
ISBN 3-478-72650-6

Inhaltsverzeichnis

Vorwort

Die Hierarchie der Werte vom Beruf zur erfolgreichen Be-rufung!

Ihre Werte sind die Überzeugungen, was SIE für richtig und wichtig halten: Wie Sie sich kleiden, welchen Beruf Sie ausüben, welchen Wagen Sie wie fahren, welchen Partner Sie wählen, wie Sie Ihre Kinder erziehen, mit Geld umgehen, welche Freunde Sie haben und natürlich wie viel Geld Sie verdienen – alles das ist abhängig von Ihren individuellen Werten. Die Werte eines Menschen sind der Schlüssel zu seinem Verhalten.

Unsere Eltern haben den größten Anteil an der Programmierung unserer Werte, sei es als Vorbild oder als negatives Beispiel. Die meisten Werte werden durch Strafe oder Belohnung einprogrammiert, später durch Erfolg oder Misserfolg. Das gilt dann auch am Arbeitsplatz. Wenn jemand in seiner Firma etwas werden will, muss er automatisch die wichtigsten Werte dieser Firma übernehmen.

Unsere Werte bestimmen auch unser Selbstbild und unsere Ziele. Aber auch den Weg, wie wir diese Ziele erreichen. Dabei sind den meisten Menschen ihre Werte nicht einmal bewusst, obwohl sie ihr ganzes Leben danach richten. Sie wissen meist nicht, warum sie bestimmte Dinge tun und andere meiden.

Nicht alle Werte sind uns gleich wichtig, deshalb sollten wir uns auch die Hierarchie unserer Werte bewusst machen. Manche Werte kollidieren mit anderen unserer Werte, sie sind nicht „kongruent“ (mit sich selbst im Einklang). Vielleicht möchten Sie beruflich erfolgreich sein, legen aber auch Wert auf ein harmonisches Familienleben. Daraus können sich Konflikte ergeben. Die meisten unserer Konflikte entstehen aus einer Kollision verschiedender Werte.

Erst wenn Sie Ihre Wert-Hierarchie kennen, oder die der anderen, können Sie verstehen, warum Sie so oder so handeln (müssen). Solange Ihr Leben mit Ihren Werten in Konflikt steht, können Sie nicht wirklich glücklich werden. Leben und Werte müssen daher „kongruent“ sein.

Es geht nicht darum, welche Werte richtig oder falsch sind, sondern darum, zu erkennen, welches IHRE Werte sind und ob Sie sie behalten oder ändern wollen. Fragen Sie sich dabei auch, was die einzelnen Werte für Sie bedeuten und warum sie für Sie diese Bedeutung haben. Klären Sie auch, wodurch für Sie ein bestimmter Wert erfüllt wird. Auch fundamentale Programme sind Werte. Geben Sie allen Ihren Werten eine ganz bestimmte Richtung.

Meine individuelle „Werte-Hierarchie“:

Anerkennung, Liebe, Erfolg, Gesundheit, geistige Entwicklung, Intelligenz, Geld, Besitz, Macht, Beförderung, Freude, Kinder, mehr Einkommen, Sport, Humor, Haus, Glück, Sieg, Freiheit, Gewinn, Gelassenheit, Ehrlichkeit, Heiterkeit, Ordnung, Vision, Toleranz, Loslassen, Verständnis, Mitgefühl, Verantwortung, Sorgfalt, Zuverlässigkeit, Lernen, Leistung, Fortschritt, Aktivität, Vergnügen, Überlegenheit, Sicherheit, Beharrlichkeit . . .

Bitte ergänzen, was IHNEN noch wichtig ist!

Am wichtigsten ist mir: Verwirklicht 0 – 10 Punkte

____

____

____

____

____

____

____

Sehr wichtig ist mir:

____

____

____

____

____

____

____

Wichtig ist mir: Verwirklicht 0 – 10 Punkte

Unwichtig ist mir:

Vom Beruf über die Berufung zur Erfüllung

Für viele Menschen ist Leben etwas, das geschieht, während sie anderweitig beschäftigt sind. Die Wirklichkeit ist, sie haben ein Stipendium in der Schule des Lebens. Der Arbeitsplatz ist gedacht als Ort der Freude und Selbstverwirklichung, und dafür werden sie auch noch bezahlt, dass sie das tun, was ihnen ohnehin am meisten Freude macht. Denn der Beruf sollte etwas sein, wofür man lebt, und nicht nur etwas, wovon man lebt. Dann wird der Beruf zur Berufung und zum Weg zu einem erfüllten Leben. Natürlich setze ich mich dann auch nie zur Ruhe, denn warum sollte ich mit der Freude aufhören, wenn ich ein bestimmtes Alter erreicht habe. Aber wer an seinem beruflichen Weg etwas ändern will, der muss etwas ändern. Deshalb wäre es gut, wenn Sie gleich jetzt damit beginnen.

Für die meisten Menschen ist Beruf etwas, wovon sie leben. Der Beruf sollte etwas sein, wofür man lebt, nicht wovon man lebt. In der Bezeichnung Beruf ist das Wort Ruf enthalten. Irgendwann muss ich mich entscheiden, ob ich bereit bin, diesem Ruf zu folgen. Ich sollte mir bewusst machen, als wer ich diesem Ruf folgen will.

Ich muss mich entscheiden, ob ich mein EGO glücklich machen will oder mich SELBST. Will ich mein EGO glücklich machen, dann suche ich: kurze Arbeitszeit, möglichst wenig Anstrengung, Auszeichnung, Beförderung, viel Urlaub und natürlich viel Geld und eine hohe Rente. Ich wünsche mir hohes Ansehen und Anerkennung, Überlegenheit, will geliebt werden. Ich bin bereit, dafür Kompromisse einzugehen, mich nach den Begebenheiten zu richten.

Will ich mich SELBST glücklich machen, dann gibt es keine Kompromisse, dann muss alles stimmen. Anstrengung und Ansehen sind unwichtig, worauf es ankommt ist, im Einklang mit mir selbst und der Schöpfung zu leben und darin Erfüllung zu finden. Habe ich mich dafür entschieden, dann freue ich mich jeden Morgen auf die Arbeit. Mein Arbeitsplatz ist dann der Ort der Selbstverwirklichung, auf den ich mich jeden Tag aufs Neue freue. Natürlich gestatte ich dem Leben, mich dafür gut zu bezahlen, dass ich das tue, was mir ohnehin am meisten Freude macht.

Und weil diese Art der Berufung so viel Freude macht, bin ich auch sehr erfolgreich und finde Erfüllung in meinem Tun. Erlebe täglich die Schönheit des Handelns, während ich bei allem gelassen in meiner Mitte ruhe. Erfüllung braucht Erfolg. So ist es gedacht. Prüfen Sie nicht, ob Sie der gleichen Ansicht sind, sondern ob es stimmig ist für Sie. Wir alle haben unser Schicksal, tragen es mehr oder weniger geduldig, aber kaum jemand fragt sich einmal, warum er unter diesen Umständen lebt, was sie verursacht und ob und wie man sie eventuell ändern könnte.

Wir aber glauben meist, dass ein Ereignis eher zufällig an uns herantritt, und gestatten uns daher erst dann die Möglichkeit des Eingreifens. Die Ereignisse werden so von uns selbst getrennt, obwohl sie nicht von uns zu trennen sind. Ein Unglück oder Ereignis geschieht völlig unpersönlich. Ob ich davon aber erreicht und betroffen werde, das entscheide ich selbst durch mein Sosein. Wenn ich erst ändernd eingreife, wenn es geschehen ist, dann ist es eigentlich zu spät, und doch tun die meisten Menschen genau das.

Ereignisse sind keine Schicksalsfügungen, die einfach passieren und die wir nun einmal hinnehmen müssen, sondern es sind manifestierte Bewusstseinsinhalte. Also sollten Sie zu Bewusstsein kommen – Selbst-Identifikation! Der erste Schritt in ein neues und erfolgreiches Leben ist ganz einfach. Sie müssen nur lernen, den Fluss Ihrer Gedanken aufmerksam zu beobachten und nach Ihren Vorstellungen zu lenken. Denn Sie bekommen nicht das, was Sie haben wollen und sich vielleicht dringend wünschen. Auch Ihr sehnsüchtiges Hoffen hat keine Wirkung. Selbst wenn Sie täglich zehn oder zwölf Stunden arbeiten, wird Sie das nicht wirklich weiterbringen – außer Sie verändern Ihr Bewusstsein und damit Ihre Gedanken! Damit unsere Gedanken sich nicht gegenseitig behindern, müssen wir eine klare Linie des Denkens finden und beständig verfolgen.

Fehlschläge sind lehrreicher als Erfolge

Womit habe ich bisher erfolgreich die natürliche Fülle verhindert? Zum Beispiel durch ein Mangelbewusstsein oder das Ausharren in einer Opferrolle. Ich verändere jetzt mein Leben und gehe dazu in ein Wunschtraum-Erfüllungs-Bewusstsein. Träumen lernen, aufwachen und verwirklichen. Überfluss ist ein natürliches Gesetz des Universums. Wohin Sie auch schauen, ist die Natur geradezu verschwenderisch großzügig. Und doch ist es ebenso offensichtlich, dass es vielen nicht gelingt, an dieser Fülle teilzuhaben, weil sie nicht wissen, dass sie selbst die Ursache für Erfolg oder Misserfolg in sich tragen. Wir bekommen vom Leben nicht das, was wir haben wollen, sondern nur das, was wir verursachen. Nicht mehr, nicht weniger und nichts anderes. Es gibt daher weder unverdientes Glück noch unverdientes Leid, sondern nur Ursache und Wirkung. Der einzige Mensch, der Sie erfolgreich und glücklich machen kann, sind Sie selbst. Allerdings sind Sie auch der Einzige, der Sie unglücklich machen kann. Aber die meisten Menschen können ihre Wünsche nicht erfüllen, weil sie ihr Denken nicht beherrschen, weil sie nicht Meister Ihrer Gedanken sind. Sie denken hin und her und zerstreuen so das wunderbare Potenzial ihrer schöpferischen Urkraft, anstatt es konzentriert auf ein Ziel zu lenken, um so zu erreichen, was immer Sie wollen. Sie wollen Geschenke vom Leben erhalten und vergessen, dass sie nur ernten können, was sie gesät haben. Doch liegt es in der Freiheit Ihrer Wahl, zu säen, was immer Sie wollen – in jedem Augenblick. Die Fülle wartet darauf, für Sie in Erscheinung zu treten – Sie brauchen nur zu säen. Ganz gleich, ob es um Gesundheit, Beruf, Partnerschaft oder spirituelle Entwicklung geht, alles gehorcht dem Gesetz von Ursache und Wirkung. Ihre Gedanken setzen die schöpferische Urkraft in Tätigkeit und bringen hervor, was immer Sie wollen – Sie müssen nur lernen, schöpferisch zu denken.

Zu allen Maschinen und Instrumenten werden Gebrauchsanweisungen und Bedienungsanleitungen mitgeliefert, die vor der Inbetriebnahme gründlich studiert werden sollten, um Bedienungsfehler zu vermeiden. Nur für das komplexeste Instrument, das wir kennen, das menschliche Gehirn, gibt es keine solche Bedienungsanleitung, und so denken die Menschen, dass man eben mit dem zufrieden sein müsse, was man erreicht hat, ganz gleich, wie zufriedenstellend das sein mag. Wir sind jedoch aufgerufen, unsere Fähigkeiten nicht nur zu nutzen, sondern auch weiterzuentwickeln. Nur so kann jeder wahren Wohlstand erreichen, nur so kann er verursachen, dass alles in seinem Leben wohl steht. Schön, dass immer mehr Menschen bereit sind für das Wesentliche im Leben.

Ich kann Ihnen zeigen, dass Sie alle über ein fantastisches Vermögen verfügen, das zum größten Teil gar nicht genutzt wird, ja, die meisten wissen nicht einmal, dass sie es besitzen. Ich meine die fast unbegrenzte Möglichkeit des bewussten schöpferischen Denkens.

Sie können lernen, wie Sie einen Teil dieses Vermögens nutzen und damit Ihr Schicksal und Ihre Zukunft selbst bestimmen können. Nur so kann man den wahren Wohlstand erreichen und darin leben. Im wahren Wohlstand leben kann nur jemand, der wirklich vermögend ist. Vermögend ist nur der, der etwas vermag, und wer viel vermag, der ist sehr vermögend! Darum ist es wichtig, sein inneres Potenzial zu entwickeln, um es im Außen als Wohlstand in Erscheinung treten zu lassen. Es ist wic in der Wüste, wo seit Millionen von Jahren ein Schatz verborgen war, das Erdöl. Die Menschen wussten nichts davon und blieben arm. Erst als sie diesen Schatz entdeckt und gefördert haben, indem sie in die Tiefe gingen, wurde der innere Reichtum auch im Außen sichtbar. Unterschätzen Sie daher Ihre Fähigkeiten, Ihr inneres Vermögen nicht.

Fülle ist ein natürliches Gesetz des Universums. Die Natur ist überall geradezu verschwenderisch großzügig, überall ist Fülle. Und doch ist es offensichtlich, dass es vielen nicht gelingt, an dieser Fülle teilzuhaben, weil sie ihr inneres Potenzial nicht kennen oder zumindest nicht optimal nützen. Wir aber glauben, dass die Ereignisse eher zufällig an uns herantreten und greifen erst ein, wenn es eigentlich bereits zu spät ist.

Was würden Sie sagen, wenn Ihnen jemand einen Zauberstab gäbe, mit dessen Hilfe Sie alle unerwünschten Ereignisse Ihres Lebens jederzeit sofort ändern könnten? Nun, Sie haben diesen Zauberstab bereits, Sie sind damit geboren, aber nur wenige erkennen, was sie da zur Verfügung haben. Um diese Fähigkeiten zu aktivieren, sind keine geheimen Einweihungen notwendig, keine entbehrungsreichen Jahre im Himalaja. Sie brauchen nur anzufangen, von Ihren Fähigkeiten weisen Gebrauch zu machen. Denn Sie besitzen etwas, das die übrige Natur nicht besitzt, die Fähigkeit zu denken, die Möglichkeit der Imagination und die Macht Ihres Glaubens. Mit diesen fast unbegrenzten Möglichkeiten Ihres Denkinstruments bestimmen Sie Ihr ganzes Leben und es ist völlig gefahrlos, davon Gebrauch zu machen.

Zum wirklichen Wohlstand gehören Gesundheit, ein glückliches Familienleben, gute Freunde, ein Beruf, der wirklich Berufung ist, genügend Geld und genügend Zeit für alles, was Ihnen wichtig ist. Erfolg, aber auch richtig lachen können, Freiheit, schöne Erinnerungen, reiches inneres Erleben, loslassen können, Offenheit, Ehrlichkeit, besonders sich selbst gegenüber, echt und authentisch sein, die Wirklichkeit hinter dem Schein erkennen und mit den Jahren allmählich weise werden. Damit möglichst früh anfangen!

Erfolg durch Freude! Erfolgreich sein kann ich nur dort, wo es mir Freude macht. Ohne Freude an dem, was ich tue, ist kein Erfolg möglich. Nichts ist mühsam, wenn man es gern tut. Was keine Mühe macht, ist meist auch nicht der Mühe wert. Sich mit Freude bemühen, jedes gesteckte Ziel zu erreichen!

Die Kraft, die Sie arm hält, ist die gleiche, die Sie reich machen kann. Dieser latente Reichtum ist Ihr geistiges Erbe und wartet darauf, dass Sie ihn in Erscheinung treten lassen. Alle erfolgreichen Menschen hatten, bei allen Unterschieden, eines gemeinsam, sie hatten Freude an dem, was sie taten. Nur so wurden sie zu einem erfolgreichen Ausdruck des Lebens und hatten noch ihren Spaß dabei. Wahrer Erfolg und Freude sind nicht voneinander zu trennen, versuchen wir es gar nicht erst, denn erst miteinander führen sie zu einem erfüllten Leben. Sie werden diesen Weg kein zweites Mal gehen können. Gehen Sie ihn als Gewinner! Wenn Sie sich wirklich entschieden haben, kann Sie nichts mehr aufhalten. Bevor ich Erfolg haben kann im Leben, muss ich meine Antwort auf die Frage gefunden haben, was Erfolg eigentlich ist.

Bevor ich also Erfolg haben kann im Leben, muss ich mich für die Art meines Erfolgs entscheiden. Nur wenn ich ein klares Ziel habe, kann ich es erreichen. Machen wir uns bewusst, dass Zeit unser größtes Kapital ist, denn Zeit ist mehr als Geld, Zeit ist Leben. Viele Menschen entscheiden sich aber erst zu leben, wenn sie schon halb tot sind. Die meisten arbeiten zu viel und zu unrationell und machen sich damit das Leben unnötig schwer.

Wahrscheinlich würde uns der Wert der Zeit viel bewusster, wenn wir für vertane Zeit eine Gebühr bezahlen müssten. So aber gehen wir oft leichtfertig mit ihr um, da sie scheinbar im Überfluss vorhanden ist. Wir sollten uns daher einmal die Zeit nehmen, über die Zeit nachzudenken.

Das Geheimnis des Träumens

Den Seinen gibts der Herr im Schlaf. Die meisten Menschen träumen ein Leben lang vergeblich von Reichtum und Erfüllung, weil sie das Geheimnis des Träumens nicht kennen. Sie kennen nicht den Unterschied zwischen Wegträumen und Herträumen. Immer wenn ich in einem Mangelzustand von der Fülle träume, dann träume ich weg, ich habe noch gar nicht angefangen und schon alles falsch gemacht. Das Wollen trennt mich vom Gewollten. Herträumen heißt, in der Fülle von der Fülle zu träumen, vom Ziel aus leben. Das wiederum ist eine Frage der Identifikation. Bin ich ein Ich, eine Person, ein Mensch, dann muss ich mir alles erarbeiten. Ich stelle mich dem harten Wettbewerb, verdiene mir mein Geld und versuche, den Erfolg zu erringen, und wenn ich Glück habe, trage ich den Sieg davon.

Als Ich selbst ist Fülle ein unverlierbarer Teil meines wahren Wesens, mein geistiges Erbe, das ich jederzeit antreten kann, also auch JETZT. Dann lasse ich Fülle geschehen, ich gestatte dem Leben, mir alles zu geben, was ich gerade brauche, auch im Schlaf.

Bevor wir anfangen, müssen Sie sich entscheiden. Wollen Sie weiter um den Erfolg kämpfen, um den Sieg ringen, an sich arbeiten und Ihr Geld verdienen, oder gestatten Sie dem Leben, dass Ihnen all das im Schlaf zufällt? Es gibt nur eine kleine Bedingung. Da heißt es: Den Seinen gibts der Herr im Schlaf. Es geschieht also nur, wenn Sie dazugehören, wenn Sie ganz bewusst ein Individuum sind. Ein ungetrennter Teil der einen Kraft, die wir Gott nennen. Das ist Ihre wahre Natur, die Sie nicht verlieren können, aber erst durch bewusste Selbst-Identifikation kehren Sie wie der verlorene Sohn nach Hause in die Wirklichkeit zurück. Erst wenn Sie die Illusion des Ichs aufgelöst haben, können Sie Ihr geistiges Erbe antreten.

Damit ist auch schon entschieden! Bleiben Sie ein Ich, eine Persönlichkeit, ein Mensch, dann bleibt Ihnen keine Wahl, Sie müssen arbeiten, wenn Sie etwas schaffen wollen! Der wahre Lebenskünstler ist zu sich selbst erwacht, zu Bewusstsein gekommen und damit zurückgekehrt in die *Leichtigkeit des Seins.*

Erfolg gehorcht ganz einfachen Gesetzen, sobald ich sie kenne und befolge, ist der Erfolg nicht mehr aufzuhalten! Sie haben immer 100-prozentigen Erfolg. Erfolgreich sein kann man lernen, wie man eine Fremdsprache lernt.

Wie säen und ernten. Sie können so viel Erfolg verursachen, wie Sie wollen und Sie können in jedem Augenblick damit beginnen, Sie haben in jedem Augenblick aufs Neue die Wahl. Erfolg bedeutet aber sehr viel mehr als: Besitz, Geld, Macht, Überlegenheit, sich durchsetzen und Sieg.

Erfolg bedeutet in Wirklichkeit, dass alles Tun erfolgreich ist. Zum wirklichen Erfolg gehören so auch Gesundheit, Freude und Glück. Vor allem aber Erfüllung. Erfolg ohne Erfüllung ist kein Erfolg. Deshalb ist das Wichtigste, was Sie jetzt tun können, sich zu entscheiden, dass Sie einer der wenigen sind, die zu dem kleinen Prozentsatz erfolgreicher Menschen gehören. Haben Sie sich entschieden? Ich meine, haben Sie sich wirklich entschieden?

Die meisten Menschen sind zu sehr damit beschäftigt, ihren Lebensunterhalt zu beschaffen, um noch Zeit zu haben, wirklich Geld zu verdienen. Und viele sorgen so intensiv für ihren Lebensabend, dass sie ihn oft gar nicht mehr erleben. Wichtigste Voraussetzung für Ihren Erfolg ist der Grad Ihres Bewusstseins. Siegen heißt verlieren. Die Gesetze des inneren und äußeren Reichtums existieren unabhängig davon, ob wir ihnen zustimmen oder sie ablehnen.

Jede Handlung, jeder Gedanke und jedes Gefühl ist eine Ursache und bringt immer eine Wirkung hervor, ganz gleich, ob diese Wirkung erwünscht oder unerwünscht ist. Jede Wirkung entspricht immer in Qualität und Quantität der Ursache.

Trifft die Ursache auf ein Hindernis, kann sie sich nur auswirken, wenn ihr Energiepotenzial größer ist als das des Hindernisses oder wenn das Hindernis beseitigt wird.

Das Energiepotenzial jeder Ursache kann durch Intensität oder durch Wiederholung so lange gesteigert werden, bis es das Hindernis überwindet.

Durch Beharrlichkeit ist jedes Hindernis zu überwinden (steter Tropfen höhlt den Stein) und jede Handlung zum Erfolg zu führen.

- Dem Menschen wäre nichts unmöglich, hätte er die Beharrlichkeit.
- Fantasie und Motivation und Begeisterung und Imagination und Glaube = Realität.
- Harte Arbeit führt selten zum Erfolg, angewandte Intelligenz immer!
- Erfolgreich sein kann man lernen. Es kostet nicht mehr Mühe als erfolglos zu sein, macht aber viel mehr Spaß!

Der nächste Schritt zum Erfolg ist, sein Wohlstandsbewusstsein zu entwickeln. Noch nie hat es jemand geschafft, mit einem Mangelbewusstsein im Wohlstand zu leben. Das eine schließt das andere absolut zuverlässig aus. Wohlstandsbewusstsein zu entwickeln beginnt damit, dass ich das Mangelbewusstsein loslasse. Wenn Sie es sich nicht vorstellen können, dass auch Sie solche begrenzenden Vorstellungen in sich tragen, dann gehen Sie doch einmal am besten schriftlich alle Ihre Gedanken durch und schreiben Sie auf, wovon Sie in einem bestimmten Bereich überzeugt sind. Schreiben Sie nicht auf, was Sie in diesem Bereich denken sollten oder wollen, sondern was Sie wirklich glauben, wovon Sie zutiefst überzeugt sind. Schreiben Sie diese Vorstellungen und Überzeugungen auf die linke Seite eines Blattes, meistens werden Sie mehrere Blätter brauchen, und auf die rechte Seite schreiben Sie dann eine neue entsprechende Überzeugung, die Ihrem jetzigen Wertmaßstab entspricht.

Lernen Sie Ihre Misserfolgsmechanismen kennen und lösen Sie sie auf! Prüfen Sie einmal in allen Bereichen Ihres Lebens, wo die Dinge nicht so gelaufen sind, wie Sie es gern gehabt hätten. Im Beruf, in der Partnerschaft, mit der Gesundheit, bei der persönlichen Entfaltung usw. Schauen Sie einmal zurück und halten Sie fest, wo eine wichtige Handlung nicht das erwünschte Ergebnis gebracht hat. Prüfen Sie danach aber auch die kleinen Pannen, die scheinbar unbedeutenden Ereignisse, und schreiben Sie alles auf, was Ihnen dazu einfällt.

Es wäre gut, wenn Sie mindestens 50 Punkte finden könnten. Das sollte auch in einem erfolgreichen Leben keine Schwierigkeiten bereiten. Nun ordnen Sie die einzelnen Punkte den verschiedenen Bereichen Ihres Lebens zu:

1. Partnerschaft, Familie, Freunde, Freizeit
2. Beruf, Karriere
3. Gesundheit, Leistungsfähigkeit, Wohlgefühl
4. Wirtschaftliche Situation, Besitz, Vermögen
5. Ausbildung, persönliche Entwicklung, Erkenntnis, gelebte Weisheit

Sie werden dabei sehr schnell Schwerpunkte erkennen, Bereiche, in denen Ihnen scheinbar alles vielleicht sogar mühelos gelingt, und andere Bereiche, in denen Sie sich schwerer tun, wo trotz aller Bemühungen öfter etwas einfach nicht gelingen will. Es wird nämlich selten erkannt, dass auch ein erfolgreicher Mensch durchaus auf einem anderen Gebiet ein Versager sein kann.

Das bedeutet, dass er sich dort etwas versagt. Nun brauchen Sie nur noch das Warum dahinter zu finden, denn alles hat seinen tieferen Grund. Fragen Sie einfach bei jedem einzelnen Punkt so lange warum, bis Sie die Ursache erkannt haben. Sollte diese Ursache scheinbar außerhalb von Ihnen liegen, sind Sie noch nicht bei der letzten Ursache angelangt. Also fragen Sie weiter, denn die wahre Ursache liegt immer bei Ihnen selbst. Sobald Sie sie gefunden haben, werden Sie erkennen, dass es keinen Grund gibt, sich im Leben irgendetwas zu versagen. Es gibt kein Hindernis, das nicht aufzulösen wäre, um so letztendlich im Leben in allen Bereichen erfolgreich zu sein, das heißt, mit zielgerechtem Handeln erwünschte Ergebnisse zu erreichen. Schaffen Sie auch dort positive Glaubenssätze, wo Sie vielleicht keine negativen Muster vorfinden. Hier einige Beispiele für hilfreiche Affirmationen:

- Es gibt immer eine Lösung.
- Ich kann die Aufgabe JETZT lösen.
- Ich bekomme immer rechtzeitig alles, was ich brauche.
- Das Leben bietet mir viele Möglichkeiten, dem Ganzen zu dienen und dabei mein Einkommen beliebig zu steigern.

- Ich bin dankbar für einen endlosen Strom praktischer Ideen, die das Leben mir schickt, um immer erfolgreicher zu sein.
- Alles kann mir nur dienen und helfen.
- Ich erkenne und nutze meine Chancen usw.

Mit solchen Glaubenssätzen räumen Sie sehr schnell mit Ihrem Mangelbewusstsein auf und schaffen damit Platz für ein umfassendes Wohlstandsbewusstsein. Lassen Sie sich nicht dadurch täuschen, dass es so einfach sein soll. Es ist so einfach, aber das Wissen genügt natürlich nicht, man muss es auch tun. Überprüfen Sie immer wieder Ihre Glaubenssätze und erfinden Sie ständig weitere, die Ihrem inneren Maßstab entsprechen. Zum Beispiel:

- Das Leben ist ein Spiel und macht Freude.
- Die Welt bietet mir überall die Fülle.
- Es gibt grenzenlos viele interessante Möglichkeiten in meinem Leben.
- Erfolg und Geld zu haben ist gut.
- Ich bin von Natur aus ein Gewinner.

Reden Sie sich das nicht ein, sondern erkennen Sie, dass es in Wirklichkeit so ist. Es kann sich in Ihrem Leben aber erst zeigen, wenn Sie es sich bewusst machen und wirklich glauben. Hilfreich kann auch sein, sich einmal bewusst zu machen, wie erfolgreich Sie bisher schon waren und was Sie schon alles erreicht haben. Wie reich Ihr Leben derzeit schon ist! Wenn Sie also die fast unbegrenzten Möglichkeiten

Ihres Denkinstruments optimal nutzen wollen, dann sollten Sie einmal eine Gedankenkur machen, eine mentale Diät.

Dabei jeden Ärger, jede Angst oder Stress sofort umerleben und dadurch auflösen, bevor eine negative Wirkung folgen kann. Auch Schuldgefühle, Sorgen, Zweifel, Wut, Selbstmitleid und Aufregung mental umerleben. Aber auch jeden Gedanken an Krankheit, Armut, sogar an den Zufall sofort bewusst machen und auflösen. Morgens und abends gründlich Psychohygiene betreiben und tagsüber stündlich eine Stilleminute einlegen. Außerdem Ihr Bewusstsein ausrichten, wann immer das Telefon klingelt, Besuch kommt oder Sie eine neue Arbeit beginnen.

Haben Sie sich schon einmal gefragt, wer Ihr Chef ist? Sagen Sie jetzt nicht, dass Sie keinen Chef haben, da Sie ja selbstständig sind. Jeder hat einen Chef, selbst wenn Sie nichts tun, haben Sie einen Chef, Ihre Bequemlichkeit. Für andere ist ihr Ehrgeiz der Chef oder einfach nur die Gewohnheit. Spüren Sie einmal diesen inneren Chef auf und prüfen Sie, ob Sie ihn weiter als Chef annehmen wollen. Machen Sie sich bewusst: Alle Dinge sind würdig, mir zu dienen, aber keines ist wert, mein Herr zu sein. So kommen Sie allmählich zu der Erkenntnis, nie mehr zu müssen. Indem Sie alles loslassen, was Sie bisher hemmte, wird eine ungeheure Energie frei, die von anderen als Ausstrahlung bemerkt wird. Je mehr Sie stimmen, desto mehr ziehen Sie nach dem Gesetz der Resonanz Dinge an, die ebenfalls stimmen, die jetzt zu Ihnen gehören. Sie brauchen so nicht mehr zu suchen, Sie werden gefunden. Das Ergebnis ist eine unerschütterliche Gelassenheit. Das hat nichts mit Lässigkeit oder gar Nachlässigkeit zu tun, sondern es ist das Ergebnis der Ausgeglichenheit Ihres Bewusstseins. Dein Selbstbild bestimmt dein Leben. Erfolg, Reichtum, Gesundheit, Partnerschaft, Aufgabe, Sinn, Selbstbewusstsein.

Ihr Selbstbild bestimmt Ihr Leben

Wie wörtlich wir das nehmen können, erkennen wir daran, dass hinter jedem unserer Gedanken ein Bild steht. Für alles, was ich denke, habe ich in meinem Inneren ein Bild, und nach dem Gesetz wie innen, so außen, gestalten meine inneren Bilder die äußere Wirklichkeit, meine Wirklichkeit. Die Wirklichkeit ist nur ein Spiegel-Bild. Im Außen spiegelt das Leben wider, was in mir ist. Welches Bild ich also von mir habe, mein Selbstbild, gestaltet mein Leben. Aber entspricht mein Selbstbild überhaupt der Wirklichkeit meines Seins? Oft ist dieses Bild von anderen geprägt und entspricht mir gar nicht. Dann aber kann auch mein Leben nicht mir selbst entsprechen! Ich verwirkliche so die Meinung anderer, anstatt mich selbst! Andere bestimmen mein Leben, indem sie mein Selbstbild prägen. Indem ich selbst mein Selbstbild präge, bestimme ich wieder mein Leben selbst. Ich brauche mich also gar nicht zu wundern, wenn ich mit meinem Leben unzufrieden bin, weil es mir oft gar nicht entspricht. Meine Aufgabe ist es nun, wieder zu mir selbst zu finden, zu erkennen, wer ich wirklich bin, das Bild meiner inneren Wirklichkeit zu finden, um wirklich mein Leben leben zu können. Es geht also nicht nur darum, ein positives Selbstbild von sich zu haben, sondern vor allem darum, dafür zu sorgen, dass mein Selbstbild mit meiner inneren Wirklichkeit übereinstimmt, dass ich die Wirklichkeit meines wahren Seins erkenne und so im Außen verwirkliche, dass ich wirklich Ich selbst bin! Die Änderung der inneren Bildung (Ausbildung) ist das Geheimnis des Reichtums, des Erfolgs, von Gesundheit und Glück.

Was stört mich an meinem Leben: Die Vergangenheit, die Gegenwart oder die Zukunft?

Bin / habe / tue ich, was ich wirklich will? Wo nicht, warum nicht?

Was kann ich aus meiner Vergangenheit lernen?

Welche Wünsche habe ich an meine Zukunft?

Welche Konsequenzen ergeben sich daraus in der Gegenwart?

Was will ich in meinem Leben noch erreichen?

Welche Wünsche habe ich noch an das Leben?

Wie kann ich sie erfüllen?

Was ist mein klar umrissenes Ziel?

Was sind die Hindernisse?

Was sind die Konsequenzen?

Wo kommt in meinem Leben noch die Freude zu kurz?

Wie kann ich meine Freude optimieren?

Wie werde ich noch erfolgreicher?

Was braucht meine Partnerschaft?

Habe ich den idealen Partner?

Bin ich der ideale Partner?

Was ist in meinem Leben loszulassen?

Was ist zu ändern?

Was sollte ich lernen?

Was sollte ich mir angewöhnen?

Welche Fähigkeiten sollte ich entwickeln?

Welche Absichten habe ich?

Welche Aussichten habe ich?

Was habe ich bisher dafür getan?

Was bin ich bereit ab jetzt zu tun?

Was hat Priorität?

Wer oder was spielt in meinem Leben die Hauptrolle?

Erfolg, Anerkennung, Geld, Besitz, Macht, Liebe? Oder ich selbst?

Was macht mein Leben lebenswert?

Was würde mein Leben noch schöner machen?

Den Umgang mit der Zeit/Geld lernen.

Den richtigen Zeitpunkt für alles finden.

Meine Lebenszeit optimal ausfüllen.

Dafür sorgen, dass ich immer genug Geld und Zeit habe.

Wissen, wofür es sich lohnt, Zeit/Geld/Leben einzusetzen.

Lernen, die richtigen Fragen zu stellen.

Die richtigen Antworten kommen dann von selbst.

Warum lebe ich unter diesen Umständen?

Was mache ich heute besser als gestern?

Was kann ich morgen besser machen als heute?

Was ist mein Wunschtraum?

Wann will ich ihn verwirklichen?

Bin ich bereit, jetzt damit zu beginnen?

Ich mache mir meine Wunsch-Biographie bewusst.

Wie kann ich meine spirituelle Entwicklung bewusst fördern?

Mein vorheriges Leben kennen lernen.

Mein nächstes Leben bewusst vorbereiten.

Mich vom Rad der Wiedergeburt bewusst entbinden.

Die Selbst-Vergessenheit beenden.

Die Alltags-Persönlichkeit ausziehen.

Die Qualität meines Bewusstseins ganz bewusst zu bestimmen.

Mich ständig an mich selbst erinnern.

Wahrnehmend leben.

In mich lauschen – wahrnehmen – sein.

Führt mein derzeitiger Weg zur Erfüllung?

Was ist Erfüllung für mich?

Wen will ich glücklich machen, mein Ich oder mein Selbst?

Was bedeutet für mich Selbst-Verwirklichung?

Welchen Sinn sehe ich in diesem Leben?

Wie lange will ich leben?

Was ist meine wahre Berufung?

Ich bin mit einer bestimmten Absicht gekommen. Erfüllung kann ich nur finden, wenn ich meine Berufung erkenne, annehme und erfülle. Der Beruf sollte etwas sein, wofür man lebt, nicht wovon man lebt. Keiner kann in seinem Beruf erfolgreich sein, wenn er seine Arbeit nicht liebt, wenn Beruf und Berufung nicht identisch sind, wenn die Arbeit nicht der Selbstverwirklichung und der Allgemeinheit dient.

Der erste Schritt auf dem geistigen Weg heißt: erst einmal in Besitz nehmen und sinnvoll einsetzen, was ich schon erreicht habe, indem ich mich frage:

1. Was kann ich besonders gut? Welche Fähigkeiten, Talente und Kräfte besitze ich?
2. Was macht mir besondere Freude. Was sind meine Hobbys? Meine Wünsche? Was möchte ich den ganzen Tag tun? Was begeistert mich so richtig? Was würde ich tun, wenn ich ab sofort 10 000.– DM Rente jeden Monat bekäme?
3. Welche Ausbildung habe ich? Welche Ausbildung sollte ich haben? In welchen Krisen, Schwierigkeiten, Lektionen hat mich mein Leben geführt? Von welchen begrenzenden Vorstellungen sollte ich mich lösen?

4. Welche Chancen bietet mir das Leben, das zu tun? Bisher? In diesem Augenblick – in Zukunft?
5. Auf welchen Platz hat mich das Leben gestellt? Wie kann ich diesen Platz noch besser ausfüllen? Was sollte ich lernen / verlernen?
6. Wenn ich mein Leben noch einmal beginnen könnte, was würde ich dann anders machen?
7. Was wäre mein Wunschtraum? Wie sieht mein erwünschter Endzustand aus? Wie sieht meine Wunschbiographie aus? Wie mein Leben als Meisterwerk – als Kunstwerk?
8. Welche Konsequenzen ergeben sich daraus? Was würde ich unter diesen Umständen meinem besten Freund raten?
9. Was hindert mich eigentlich noch, genau das zu tun? Wann bin ich bereit, das Notwendige zu tun?

Machen Sie sich zum König Ihres Lebens, spielen Sie in Ihrem Leben die Hauptrolle.

Begeisterung als Liebeserklärung für Ihr Tun

„Bemeisterung durch Begeisterung"

Die dynamische Wirkung der Bejahung hängt vom Grad der Gefühlsbetontheit und Glaubensintensität ab, durch die der bejahte Gedanke mit geistiger Kraft aufgeladen und ausgestrahlt wird. Diesen spürbaren geistigen Kraftzuwachs meinen wir, wenn wir von der Macht der Begeisterung sprechen, die unseren Gedanken und Plänen, Vorhaben und Taten erhöhten Schwung und Durchsetzungskraft verleiht. Emerson sagt in Blick hierauf mit Recht, dass alles Große in der Welt eine Frucht der Begeisterung ist. Begeisterung ist deshalb so schätzenswert, weil sie unserer Seele die Kraft gibt, ihre höchsten Anstrengungen zu vollbringen, ohne zu ermüden. Sie macht, was wir denken, wollen und tun, gefühls-, lust- und erfolgsbetonter. Weil der Begeisterte immer der Überlegene ist, handeln wir weise, wenn wir uns für alles, was wir tun oder tun müssen, bewusst erwärmen. Denn je höher die seelische Temperatur, je größer die Begeisterung, desto leichter ist die Bemeisterung der vor uns liegenden Aufgaben und Probleme. Das bedeutet nicht nur, dass uns alles, was wir mit Lust und Liebe tun, leichter von der Hand geht, sondern darüber hinaus, dass geistige Kräfte und Fähigkeiten in uns aktiviert werden, die die Zielerreichung sichern. Die Begeisterung erfüllt unser Wirken und unser Werk mit dem Geist des Gelingens, der jedes Problem lösbar macht. Sie treibt uns an, nicht nur das zu tun, woran wir Freude haben, sondern an dem Freude zu haben, was wir tun, und stets mehr zu geben und zu leisten, als von uns erwartet wird. Das ist der Sinn des Wortes Enthusiasmus. En-theos heißt wörtlich: von göttlichem Geist, mit göttlicher Kraft erfüllt sein.

Erfolgsgarant – Selbstverwirklichung

Was muss ich tun, um am Ende meines Lebens sagen zu können: Ich habe wirklich gelebt. Meister werden durch er-innern. Leben als Meister, als ich selbst. Du bist dir selber anvertraut, sorge dafür, dass du deine Wahl nicht bereust.

Willst du wissen, wie du erfolgreich und glücklich zugleich werden kannst? Es ist wirklich einfach . . .

Gestalte Dein Leben wie ein Kunstwerk

Ein weiterer wichtiger Schritt zum Erfolg heißt, die inneren Voraussetzungen für den Erfolg zu schaffen und sich dadurch geradezu magnetisch zu machen für Erfolg. Finden Sie zehn Gründe dafür, warum Sie Ihr Ziel sicher erreichen werden. Diese Liste wird Ihnen Kraft geben, wenn Sie einmal scheinbar einen Rückschlag erleben.

In Wirklichkeit ist jeder Rückschlag eine Botschaft des Lebens, dass Sie noch nicht den optimalen Weg gefunden haben, und eine Aufforderung, noch einmal genauer hinzusehen, Erfolg mental voraus-erleben. Dieses mentale Training kann der Schlüssel werden für Ihren zukünftigen Erfolg. Gewinnen Sie zunächst in Ihrer Fantasie und gewöhnen Sie sich so daran, dass es ganz automatisch auch im Außen geschieht. Je gründlicher Sie vorbereitet sind, desto sicherer werden Sie das Ziel erreichen. Prüfen Sie auch immer wieder, zumindest einmal täglich, ob etwas getan werden könnte, das Sie weiterbringt und das Sie bisher übersehen oder versäumt haben. Aus dieser inneren Gelassenheit heraus können wir nicht nur bewusst tun, was zu tun ist, wir können so auch stets vorausdenken und die Umstände klären, bevor sie eingetreten sind. Bevor ein Gewitter kommt, donnert es und Sie können sich gut darauf einrichten, aus welcher Richtung das Gewitter kommt. Die Freude am eigenen Tun führt dazu, dass man es gut tut, und wenn man etwas wirklich gut macht, ist man damit meist auch erfolgreich. So wird Freude zu einem direkten Weg zum Erfolg. Wer ein Omelett machen will, muss auch den Mut haben, Eier zu zerschlagen. Über einen Abgrund kommt man nicht mit kleinen Schritten.

Die ersten sieben Sekunden

Wir brauchen nicht länger als sieben Sekunden, um über Menschen im Bilde zu sein. Nach diesen sieben Sekunden haben sich die unterschiedlichsten Eindrücke – Stimme, Kleidung, Gang, Gesicht – zu einem Bild von diesem Menschen verdichtet.

Wirklich lesen lernen, auch aus falschen unvollständigen Informationen das Richtige entnehmen. Beispiel: Arbeit führt zum Ziel.

Lesen lernen – Lesen im Finder-Bewusstsein. Ich finde die Information, die ich gerade brauche. Lesen im Verbesserungs-Bewusstsein – Optimierung. Lesen, was da gar nicht steht. Z.B. Was fehlt? Vernetzt lesen. Was bedeutet diese Information für andere Bereiche meines Interesses.

Führen lernen. Ein Gespräch, eine Situation, eine Firma, ein Leben, eine Partnerschaft, Mitarbeiter. Sein Leben führen lernen. Es ist sonst keiner da, sonst ist es nicht mein Leben.

Die volle Verantwortung übernehmen für alles, was ich tue. Schicksal ist Mach-sal. Denn alles, was ich tue, gestaltet mein Leben mit.

Mit wem ich mich treffe, was ich lese, anschaue, anhöre, was ich sage, wie ich mich kleide, was ich esse, wie ich atme, usw. Prüfen, woher kommen meine Gedanken? Wer denkt da in mir? Mutter, Vater, Gesellschaft, ich oder ich selbst? Bisher führen mich meist Muster, Prägungen, Programme usw. Als wer lebe ich? Den Sinn meines Lebens erkennen oder bestimmen. Mich dabei von der Freude führen lassen. Meine Werkzeuge beherrschen lernen und optimal nutzen. Körper, Gemüt, Denkinstrument, Mental-Hygiene, Gedankenstille. Loslassen, was nicht wirklich zu mir gehört (Bekannte). Schwächen in Stärken umwandeln, Stärken optimal einsetzen. Sich nicht mit seinen Launen, Reaktionen identifizieren. Sein Gemüt erziehen – Ich habe ein Gemüt.

Aus dem Verstand, Bauch, Herzen, Sinn heraus leben – zuhören. Seine Grundhaltung gegenüber der Welt optimieren. Alles ist gut – Es gibt keine Ungerechtfertigkeit – Alles ist ein Spiel.
Was ist zu lassen?

1. Mangelbewusstsein auflösen, Wohlstandsbewusstsein schaffen.
2. Das Selbstwertgefühl und die inneren Bilder optimieren durch Selbst-Identifikation.
3. Wo lasse ich mich / Leben nicht zu? Was würde mir Freude machen? Mich von der Freude führen lassen. Welcher Lebensumstand soll weg / fehlt / sich ändern?
4. Wo fehlt es an Wohlstand? Habe ich genug Geld / Zeit? Die richtige Partnerschaft? Gesundheit? Vitalität? Jugendlichkeit? Lebe ich meine Berufung? Lebe ich in der Fülle?

Erfolgshemmer – Angst

Das größte Problem unserer Zeit scheint wohl die Angst zu sein. Viele Menschen haben Angst – Angst vor dem Leben, vor dem nächsten Tag. Andere haben konkrete Ängste, vor einer Prüfung etwa oder vor bestimmten Menschen, vor dem Fliegen oder dem Gewitter. Angst ist immer ein Ausdruck von Unsicherheit, von mangelndem Vertrauen zu sich und zu seinen Kräften und Fähigkeiten. Wenn Sie unter Ängsten leiden, dann sollten Sie sich nicht nur mit der Auflösung dieses negativen und zerstörerischen Gefühls befassen. Genauso wichtig ist der Aufbau des Vertrauens zu sich selbst – die Erarbeitung eines gesunden Selbstbewusstseins.

Wenn wir von Angst sprechen, dann sollten wir immer daran denken, dass Angst in gewissen Grenzen durchaus notwendig und natürlich ist. Angst ist ein Urgefühl des Menschen. Wie sonst hätte der Mensch überhaupt überleben können, hätte in ihn manchen Situationen die Angst nicht vor Unheil bewahrt. Es gibt die „gesunde“ und die krank machende Angst. Die gesunde Angst kann auch als Instinkt bezeichnet werden und ist ein Gefühl des Unbehagens, das uns in manchen Fällen davor bewahrt, Dinge zu tun, die für uns schädlich sind. Wer nach einem schweren Skiunfall Angst vor dem Skifahren hat, dessen Angst ist begründet. Doch sollte auch diese Art der Angst aufgearbeitet werden, damit sie sich nicht auf andere Bereiche ausbreiten und zum Grundstein für ein Leben in Angst werden kann.

Wenn Angst wächst, immer mächtiger wird und großen Raum in unserer Gedanken- und Gefühlswelt einnimmt, wenn Angst unser Leben beherrscht und unser Tun bestimmt, dann ist es höchste Zeit, dieser Angst Einhalt zu gebieten, bevor sie sich zu einer Neurose oder Phobie entwickeln oder in eine Depression übergehen kann. Angst entsteht durch eine falsche Einstellung im Unterbewusstsein, die dann körperlich-seelische Folgen hat. Angst ist sogar chemisch messbar durch das Adrenalin, das in Angstsituationen vermehrt ausgeschüttet wird. Zu viel Adrenalin kann zu einer Erhöhung des Blutdrucks mit seinen bekannt umfangreichen schädlichen Folgen führen.

Angst kann zu einer sich ständig selbst aufladenden Kraft werden. Je mehr Angst Sie haben, desto schlechter fühlen Sie sich körperlich; Sie haben nicht nur Herzklopfen, zitternde Hände und weiche Knie, sondern auch noch einen ausgetrockneten Hals. Diese äußeren Symptome belasten Sie zusätzlich, sodass die Angst dadurch noch größer wird – je mehr Angst Sie haben, desto mehr Adrenalin wird ausgeschüttet und die Folgeerscheinungen verschlimmern sich weiter.

Ängste in späteren Lebensabschnitten werden oft schon im Kinderzimmer geboren, wenn durch eine strenge Erziehung den Bedürfnissen und Gefühlen des kleinen Kindes nicht individuell Rechnung getragen wird und strikte Verbote die kindlichen Empfindungen missachten. So kann sich das Gefühl des Unbehagens beim Kind, das der stärkere Erwachsene einfach ignoriert, sogar zu einer großen Angst entwickeln.

Die Angst vor Versagen ist ja recht weit verbreitet und wird durch ständige negative Äußerungen in der Kindheit regelrecht ins Unterbewusstsein eingepflanzt. Wer kennt nicht das Stöhnen der Eltern: „Das kannst du nicht, dazu bist du noch zu klein / zu dumm.“ Ständige Wiederholungen in diesem Tenor setzen sich fest. Und irgendwann glaubt der kleine Mensch schon daran, dass er dieses und jenes nicht kann. Später traut er sich neue Aufgaben nicht zu, hat weder Kraft noch Mut, nach seinen (heimlichen) Wünschen zu leben. Er bleibt lieber da, wo er ist, denn hier kann er alles, was von ihm gefordert wird.

Wenn diese Versagensangst auch nicht so gravierend erscheint, so behindert sie doch die eigene Entwicklung. Wie viele wirkliche Talente sind auf diese Art und Weise wohl schon verschüttet worden, bevor sie überhaupt die Chance bekamen, sich zu entwickeln? Die Versagensangst ist auf jeden Fall ein schweres Hemmnis, das das ganze Leben behindern und die Lebensfreude schmälern kann.

Angst hat viele Gesichter und nicht nur ängstlich erscheinende Menschen leiden an Angst. Auch der Angeber, der sich lautstark seiner Taten brüstet, kann von der Angst geleitet werden. Er versucht nur, seine Angst durch große Worte und Lautstärke zu überdecken – nach dem Motto: Wenn ich laut im dunklen Wald singe, dann hört jeder (und vor allem ich selbst), dass ich stark bin und keine Angst habe!

Sie empfinden die körperliche Ruhe, die sich in einem Entspannungszustand in Ihnen ausbreitet, als äußerst wohltuend; durch die Harmonie wird die Adrenalinausschüttung verringert. Ihre Suggestion sollte gezielt Ihre persönlichen Ängste aussprechen und in gewohnter positiver Weise formuliert werden. Depressionen werden häufig durch unbewusste Ängste ausgelöst und äußern sich dann in Lebensunlust, in grundloser Traurigkeit und Antriebsschwäche. Oftmals beginnen Depressionen schleichend. Traurigkeit befällt den Menschen, wenn es dämmrig wird, oder aber er ist lustlos, wenn die Sonne scheint und alle anderen Menschen um ihn herum voller Lebensfreude und aktiv sind. Nur er hat keine Freude, zieht sich am liebsten in sein „Schneckenhaus" zurück und fühlt sich dann noch schuldig, weil er so anders ist als die anderen. So wird der Teufelskreis perfekt. Unverarbeitete Erlebnisse, Verluste und tiefe Kränkungen können in Depressionen übergehen.

Erfolgshemmer – Schuldgefühle

Wer kennt nicht auch das Gefühl, schuld zu sein, weil er falsch reagiert hat, weil er wutentbrannt und unbeherrscht Worte sagte, die er nicht so meinte, weil er absichtlich einen lieben Menschen verletzt hat. Schuldgefühle sind – ebenso wie Angst – in Grenzen oftmals berechtigt und sollten dazu anregen, das eigene Verhalten zu überprüfen, es möglicherweise zu verändern, zu lernen, Fehler zuzugeben und sich zu entschuldigen. Viele Menschen tendieren aber auch dazu, sich an allem schuldig zu fühlen, unabhängig davon, ob sie tatsächlich eine Schuld tragen oder nicht. Eine solche Einstellung kann die Lebensfreude und die eigenen Entfaltungsmöglichkeiten ziemlich beeinträchtigen.

Es ist natürlich erst einmal zu klären, ob Sie tatsächlich Fehler gemacht haben. Wenn ja, dann können Sie – soweit das noch möglich ist – anders handeln oder zumindest die Fehler eingestehen und sich entschuldigen. Außerdem können Sie aus diesen Fehlern für die Zukunft lernen. Sie können es das nächste Mal besser und richtiger machen und Sie können gleichzeitig wieder etwas über sich selbst erfahren, indem Sie sich ganz ehrlich fragen, warum Sie überhaupt so gehandelt haben.

Prüfen Sie, ob Sie Ihre Fehler und die der anderen erkennen. Nehmen Sie die letzten zwei Wochen und gehen Sie in Gedanken Situationen durch, die in Ihnen Schuldgefühle hervorgerufen haben. Sind das etwa ständig wiederkehrende Momente und sich wiederholende Gedanken und Gefühle? Wenn Sie ständig Streit haben mit Ihrer Schwester, sind Sie dann immer schuld? Wenn Sie Ihrem Freund die Meinung über sein ruppiges Verhalten sagen, fühlen Sie sich dann schuldig, dass er verärgert ist? Ruft die schlechte Laune Ihres Vorgesetzten in Ihnen auch gleich Schuldgefühle hervor und fragen Sie sich gleich, ob Sie etwas falsch gemacht haben?

Schuldgefühle lähmen Ihre Energien und können zu Depressionen führen. Darum ist es wichtig, sich mit geeigneten therapeutischen Maßnahmen davon zu befreien. Nur so ebnet sich der Weg zur freien beruflichen und privaten Entfaltung.

Erfolgshemmer – Stress

Stress wird uns nicht von außen aufgebürdet. Stress ist ein idealer Fluchtweg, der von allen Menschen anerkannt und manchmal sogar bewundert wird. Wer ständig unter Stress steht, der muss ja wohl erfolgreich sein.

Auf die richtige Dosierung kommt es auch beim Stress an. Es gibt den positiven Distress, der uns anregt zu Aktivitäten, der uns gesund ermüden lässt, und es gibt den negativen Eustress, der uns erschöpft. Und es gibt zu viel Stress!

Leicht gelingt es, durch selbst auferlegte und zu knapp bemessene Termine und durch zu viel Arbeit sich so in Trab zu halten, dass wir abends todmüde nur noch ins Bett sinken. Da bleibt dann gar keine Zeit für sich selbst, für Gedanken oder Gespräche, die längst fällig sind, weil der Partner so abweisend ist, die Kinder sich immer mehr zurückziehen. Doch das wollen wir ja so. Wir wissen nämlich, dass solche Gespräche anstrengend sind, dass möglicherweise unangenehme Punkte zur Sprache kommen, die Konsequenzen zur Folge haben könnten. Da ist der Stress uns doch lieber und wir betrachten ihn als das kleinere Übel!

So bleiben die Probleme so lange unbesprochen, bis vielleicht unsere ganze Konstruktion plötzlich wie ein Kartenhaus zusammenfällt. Aber nicht nur das – auch laufen wir uns selbst davon. Wer sich keine Zeit für sich selbst nimmt, der kann sich nicht weiterentwickeln, kann Gelerntes nicht umsetzen, kann seine Fähigkeiten auch nicht voll ausschöpfen. Fortbildungsseminare sind begehrt und die meisten Menschen nehmen sich Zeit für die berufliche Weiterbildung. Doch wie steht es denn mit unserer seelisch-geistigen Entwicklung? Warum ist hier die Zeit so rar? Äußerer Erfolg kann nur einhergehen mit innerem Wachstum. Nehmen Sie sich die Zeit für sich – für Ihre Seele und Sie werden die wunderbare Erfahrung machen, dass alles andere leichter und einfacher geht. Die Zeit, die Sie für sich investieren, ist die beste Investition, die Sie überhaupt machen können. Sie werden sich selbst entdecken, werden Fähigkeiten finden können, die Ihnen neue Aspekte eröffnen, die Ihnen inneren Reichtum bescheren. Sie können Ihr gesamtes geistiges Potenzial erkennen und in Besitz nehmen.

Das mentale Umerleben

1. Das mentale Umerleben des vergangenen Tages. Dabei müssen Gefühle umgefühlt werden. Allmählich die Ereignisse sofort umerleben, bevor sie zu Schicksal werden.
2. Die Vergangenheit bewältigen. Mit Armtest. Einmal Großreinemachen, dann täglich, später jedesmal sofort.
3. Mentale Rückversetzung. Erleben, nicht erinnern. Wo habe ich meinen Schlüssel? Pass? Tickets? Wie hat der andere das damals gemeint? Wie genau ist es abgelaufen?
4. Das mentale Vorauserleben. Mit Armtest. Angst. Was kommt heute Besonderes auf mich zu? Wie will bzw. wie sollte ich mich dann verhalten?
5. Selbsterziehung durch mentales Umerleben. Eigenschaften, die unerwünscht sind, ersetzen. Den eigenen Charakter zum Ideal hin formen. Indem ich verändere, ändere ich mein Schicksal, denn die Lebensumstände sind nur ein Spiegelbild meines So-Seins.
6. Gewohnheiten erkennen und ändern. Erwünschte festigen, unerwünschte auflösen. Durch ständige Wiederholung neues Verhaltensmuster einprägen. Die innere Bildergalerie überprüfen und dem derzeitigen Wertmaßstab anpassen. Überholte Bilder austauschen oder abändern.

7. Mental in Wunscherfüllung versetzen. Bringt mir das wirklich die Erfüllung? Lohnt sich der Aufwand, der erfolgreich wäre?
8. Mentales Vorauserleben. Als Abschluss des Ursache-Setzens.

Menschenkenntnis. Nach dem Gesetz wie innen, so außen, zeigt die äußere Form das innere Sein. An dieser äußeren Form ist daher zuverlässig die innere Wirklichkeit zu erkennen. Charakter, Eignung, Fähigkeiten, Möglichkeiten und Grenzen der Persönlichkeit. Aber auch ihre Prägungen und Ein-Drücke. Erst so wird Menschenführung optimal möglich.

Fazit: Wenn wir nur einen geringen Teil jener Sorgfalt, die wir auf die Pflege und Instandhaltung der uns umgebenden Maschinen einer technischen Umwelt verschwenden, auch auf uns, den Menschen, übertrügen, dann wäre das die beste und seinskräftigste Investition eines jeden Unternehmens.

Jungbrunnen der richtigen Lebensphilosophie

Seine wahre Berufung als Beruf ausüben. Erfolgreich sein auf allen Ebenen des Seins. Geistig beweglich und gelassen sein und bleiben. Bereit sein, sich zu verändern, zu entwickeln und zu entfalten. Ärgern verlernen. Richtige Entspannung und Erholung lernen.

Keinen Stress zulassen – sich auch geistig richtig ernähren – tägliche Psychohygiene – loslassen, was nicht mehr zu mir gehört – Schuldgefühle auflösen – Vergangenheit bereinigen – wirklich positiv denken und handeln – Humor bewahren – Optimist sein – alle Probleme als Aufgaben des Lebens erkennen, annehmen und gleich richtig lösen – den Augenblick erfüllen – Selbst-bewusst sein – erkennen, dass mein wahres Selbst jung, gesund und unsterblich ist – ich werde immer sein – Aufgabe und Sinn seines Lebens erkennen und ein sinnerfülltes und glückliches Leben führen.

Seelisches Verhalten – Erfüllung finden

Angst erkennen und auflösen – durch Geborgenheit ersetzen. Lebendig und spontan sein – gern und bewusst mit Freude leben. Lachen, sich freuen und glücklich sein. Ja sagen zu sich und dem Leben. Das Leben und die Menschen lieben – wer liebt, lebt gesünder. Dankbar sein und das Leben als Geschenk erkennen. Sich regelmäßig mit Freude Zeit für Meditation und Gebet nehmen. Denken/Reden/Fühlen und Handeln ausrichten auf Gott.

Erfolg ist abhängig vom Grad meines Bewusstseins, der Beherrschung meines Denkinstruments und dem Grad meines Glaubens.

1. *Wie man zu Bewusstsein kommt:* Indem ich erkenne, wer ich wirklich bin. Ich bin ein Schöpfer und kein Opfer (praktische Erfahrung). Ich kann jederzeit und alle Lebensumstände frei bestimmen. Ich kann jederzeit Gesundheit für immer verursachen. Ich kann auch meine Vergangenheit bereinigen. Ich kann jetzt meine Zukunft bestimmen und gestalten. Ich bestimme, wie erfolgreich ich bin. Wahrer Erfolg umfasst alle Bereiche des Lebens. Erfolg ohne Erfüllung ist kein Erfolg. Ich komme zu Bewusstsein durch Zuhören lernen. Indem ich während einer Rückführung das ewige Ich bin erlebe, das sich erinnert. Ich kenne mich als umfassendes, grenzenloses Potenzial.
2. *Wie man sein Bewusstsein erweitert:* Mein Bewusstsein auf einen Punkt konzentrieren. Mein

Bewusstsein über meinen Körper hinaus erweitern. Mein Bewusstsein mit einer bestimmten Qualität erfüllen, Klarheit, Heilung usw. Loslassen, was nicht mehr wirklich zu mir gehört. Ärger usw. Denken, fühlen, reden, handeln als Ich selbst. Erleben, ich erreiche alles, was ich denken und glauben kann. Erleben, ich kann alles jederzeit wahrnehmen. Zuhören und subcutan reden lernen. Charisma und Intuition entwickeln. Erkennen, auch ich bin ein Naturtalent. Die innere Dimension erweitern. Heilung geschehen lassen für Körper, Beziehung, alle Lebenssituationen. Durch jede Tür trete ich ein in ein noch besseres Leben.

3. *Wie man bewusst bleibt:* Immer wieder in die Selbst-Identifikation gehen. Mich immer wieder erinnern. Denken, reden, fühlen, handeln als Ich bin. Aufwachen und einschlafen als Ich selbst. Jeden Raum mit meinem Bewusstsein erfüllen. Stimmig leben. Aus der Intuition leben – ständig auf Empfang bleiben. Sender sein – subcutane Signale aussenden, die jeder empfängt. Jeden Teil des einen Bewusstseins erkennen und ansprechen.

Der Generaldirektor eines Konzerns sagte auf einer Konferenz von Führungskräften, dass von jedem, der eine Führungsposition anstrebt, verlangt werden muss, ein persönliches Selbstentwicklungsprogramm zu absolvieren.

Das Genie in sich wecken. Das Corpus callossum öffnen durch Imagination. Über das holistische Denken zum universellen Denken kommen. Das innere Potenzial erkennen und richtig einsetzen.

Der Verstand ist Buchhalter und nicht Generaldirektor. Er hat Argumente, Wahrscheinlichkeit, nicht Wahrnehmung. Geistesgegenwärtig leben. Wirkliche Geistesgegenwart ist sehr viel mehr als Schlagfertigkeit. Es ist bewusstes Leben in der Gegenwart des Geistes, der ich bin.

Vielleicht haben Sie schon geahnt, dass genial und genital nicht nur sprachlich zusammenhängen, dass zwischen körperlicher und geistiger Schöpfungskraft ein direkter Zusammenhang besteht.

Gespeicherte genitale Energie kann in geniale Schöpfungskraft transformiert werden. Sportler und Wissenschaftler tun das vor und während großer Leistungen oft über Monate hinweg. Gleich einmal praktisch erproben.

Jeder hat viele Arten von Intelligenz. Die allein stehende Mutter, die drei Kinder aufzieht und noch berufstätig ist, braucht eine andere Intelligenz als der Musiker, der Werke von ewiger Schönheit schafft.

Wir sind oft blind gegenüber unserer eigenen Genialität, weil wir schon immer damit leben und sie uns daher als normal erscheint. Werden Sie sich einmal klar über Ihre besondere Form von Intelligenz und geben Sie sich die Noten von 0 – 10.

Physische Intelligenz:

Emotionale Intelligenz:

Intellektuelle Intelligenz:

Soziale Intelligenz:

Sprachliche Intelligenz:

Imaginative Intelligenz:

Intuitive Intelligenz:

Musische Intelligenz:

Spirituelle Intelligenz:

Organisations-Intelligenz:

Erziehungs-Intelligenz:

Man sagt, ein Kluger kann sich dumm stellen, umgekehrt ist es schon schwieriger. Das stimmt, aber versuchen Sie es trotzdem. Tun Sie so, als seien Sie ein Genie. Machen Sie sich die Gesetzmäßigkeiten des Erfolges bewusst und nutzen Sie sie möglichst umfassend. Beachten Sie auch die Geistigen Gesetze und vermeiden Sie dadurch unnötige Kollisionen mit der Wirklichkeit.

Steigern Sie bewusst Ihren:	*Durch:*
Erfolgs-Quotienten	Mentales Vorauserleben
Bewusstseins-Quotienten	Schöpferische Imagination

Kommunikations-Quotienten	Angewandte Intuition
Charisma-Quotienten	Selbst-Identifikation
Bewusstseins-Quotienten	Zu Bewusstsein kommen
Team-Quotienten	Tor des Himmels öffnen
Delegations-Quotienten	Geschehen lassen
Lebensqualitäts-Quotienten	Kontemplation

Tu, was Du tust. Das Wunder der wahren Konzentration. Wahre Konzentration hat viel mit Entspannung zu tun. Ich möchte daher diese Form der Konzentration auch lieber konzentrative Entspannung nennen. Es ist eine solche Vertiefung in das Tun, dass ich damit förmlich verschmelze. Einswerden mit seinem Tun, sich in eine Sache ganz vertiefen und dabei sein Bewusstsein ganz weit werden lassen. Je mehr ich mich konzentriere, desto weiter wird dabei mein Bewusstsein. Dann ständig vertieft bleiben, bei allem was ich tue. In sich versunken handeln, in einem weiten Bewusstsein. Um sich ein Energiefeld der absoluten Ruhe schaffen und ganz versinken in dem, was ich gerade tue.

Lässt sich Erfolg trainieren?

Intuition ist ein unmittelbares Erfassen der Wirklichkeit. Die richtige Entscheidung kann man nur mit der Intuition treffen und solche Entscheidungen stimmen auch in Zukunft für alle.

Intuition ist trainierbar. Wir beginnen, diese unmittelbare Wahrnehmung zu lernen, indem wir alle Intuitionshindernisse abbauen. Klären Sie, wie ist Ihre individuelle Einstellung zur Intuition? Haben Sie Vertrauen zur Intuition oder ist Ihnen das zu vage? Welche Vorurteile haben Sie durch Umwelt oder Erziehung zur Intuition? Machen Sie sich Ihre persönliche Einstellung zur Intuition bewusst und bereinigen Sie sie. Öffnen Sie sich für Ihre Intuition.

Schaffen Sie günstige Umstände für Ihre Intuition. Das kann ein Zustand der Gedankenlosigkeit, des Dösens sein. Finden Sie Ihren Weg, Gedankenstille herbeizuführen. Auch jede Atempause ist hilfreich für die Intuition. Lernen Sie das absichtslose Achtsamsein. Üben Sie die Kunst des „Ich-Vergessens". Das von seinem Ich gelöst sein und eins sein mit der allumfassenden Wirklichkeit. Üben Sie das Stimmig-Sein, im Einklang mit sich und der Welt.

Nutzen Sie jede Gelegenheit zu Ihrem persönlichen Intuitionstraining. Raten Sie, welcher Aufzug zuerst kommt. Wie ein Fußballspiel ausgeht. Raten Sie, wer am Telefon ist. Die Lotto-Zahlen. Raten Sie, von wem Sie heute Post bekommen und was drinsteht. Raten Sie, welche Strecke günstiger zu fahren ist. Raten Sie, welches Wetter Sie haben werden. Üben Sie schnelles Entscheiden bei unwichtigen Angelegenheiten, z.B. was Sie heute anziehen, welche Speise Sie bestellen usw. Schalten Sie den Ton des Fernsehgeräts ab und erfassen Sie, was gerade geschieht. Beschreiben Sie einen Fremden nach einer kurzen Begegnung in möglichst vielen Einzelheiten: Stimmung, familiäre Situation, Gesundheit, Hemmungen, Fähigkeiten, Absicht, Interessen, Hobbys usw.

Erfolg durch Intuition

Wahrnehmen statt nachdenken. Intuitiv Hindernisse und Risiken erkennen, einschätzen und nutzen.

Informationen wirklich ausschöpfen, richtig lesen und hören. Richtig/falsch erkennen. Wie kann mir diese Information helfen bei ...

Die richtige Entscheidung treffen.

Sich klug stellen – das Genie in sich wecken.

Mehrdimensional handeln (geschehen lassen), ständig!

Heilung Körper, Partnerschaft, Beruf, Entwicklung.

Sich bewusst intuitiv resonanzfähig machen für Erfolg, Begegnung.

Kontemplative Bewusstseins-Verschmelzung.

Sich komplette Lösungen im Schlaf einfallen lassen.

Vom Ziel aus intuitiv den Weg zum Ziel erleben. Hindernisse erkennen, vermeiden.

Ampel-Intuition ständig nutzen.

Erkennen: Alles ist Botschaft. Was will mir das konkret sagen?

Sich auf einen Menschen, eine Situation einstimmen.

Das Geheimnis der Wandlung intuitiv nutzen. Ich kann alles jederzeit ändern und zum Erfolg führen. Meine Intuition zeigt mir wie, wann und womit, mit wem! Ein Vorhaben, eine Absicht intuitiv vorauserleben. Zu welchem Ergebnis führt das? Zu welchem sollte es führen? Wie erreiche ich das? Zustimmung? Hilfe?

Beruf – Berufung – Erfüllung. Gestatten Sie dem Leben, Sie dafür fürstlich zu belohnen, dass Sie das tun, was Ihnen die meiste Freude macht.

Erfolg ständig im Alltag geschehen lassen.

Die Kunst der richtigen Entscheidung

Wir stehen in Wirklichkeit nie vor einer Entscheidung, denn sie ist schon längst gefallen. Wir müssen nur in die Wahrnehmung gehen und das erkennen, was längst entschieden ist.

Eine wirksame Hilfe auf diesem Weg ist die Intuition. Um ein Ziel erreichen zu können, müssen wir erst von dort aus denken. Nur so können wir den Weg und die Schritte zu diesem Ziel erkennen, sehen die Hindernisse und Blockaden und finden Lösungen zu deren Beseitigung.

Nur der mental vorauserlebte Erfolg wird sich zuverlässig verwirklichen. Ich denke an etwas, das ich mir sehr wünsche und das ich dann auch bekommen habe. Dann erlebe das Gefühl, das ich hatte, als ich es bekam, und übertrage dieses Gefühl auf den jetzigen erwünschten Endzustand und nehme ihn geistig in Besitz. Das stärkt meinen Glauben an meine Fähigkeit der Manifestation, und der zunehmende Glaube erlaubt es mir, letztlich alles zu manifestieren, was ich will.

Die unwiderstehliche Macht der wirklichen Entscheidung kennen lernen. Die feste Absicht zur inneren Gewißheit werden lassen, um so jeden beliebigen Zustand/Umstand/Situation augenblicklich zu manifestieren. Wollen trennt mich vom Gewollten.

Sich in den erwünschten Endzustand hineinversetzen und von dort aus leben. Also gesund sein, erfolgreich, glücklich, selbstsicher, erfüllt sein!

Zuerst muss ich also lernen, mich selbst als faszinierende Persönlichkeit zu betrachten. Die natürliche Wirkung dieser einzigartigen Persönlichkeit, die du bist, ist die Ausstrahlung und Überzeugungskraft, die wir Charisma nennen. Charisma ist nichts anderes als die Verwirklichung der wahren Persönlichkeit. Erkennen Sie den Sinn Ihres Lebens und Ihre wahre Berufung, denn Erfüllung kann man nur finden, wenn man seine Lebensaufgabe erkennt – annimmt – und erfüllt. Der Beruf sollte wirklich die Berufung sein, etwas, für das man lebt, und nicht etwas, wovon man lebt, und damit der ideale Weg zur Selbstverwirklichung. Ihre persönliche Vision, die Sie in der Zukunft ganz erfüllt haben werden, bestimmt dann in der Gegenwart Ihr Verhalten. Die Zukunft bestimmt also die Vergangenheit, verursacht in der Gegenwart die Umstände, die erforderlich sind, um die Vision der Zukunft zu erfüllen. Indem Sie Ihre individuelle Vision erfüllen, werden Sie der, der Sie in Wirklichkeit schon immer waren und immer sein werden.

Der Erfolgreiche geht in seinem Beruf auf, aber nie unter. Er hat seinen Arbeitsplatz als Abenteuerspielplatz entdeckt und nutzt seine Tätigkeit zur Selbstverwirklichung.

Wer nicht an den Erfolg glaubt, wird nie Erfolg haben!

Der Weg zum Erfolg ist der Glaube an sich selbst und an seinen Erfolg. Dieser Glaube ist das Erinnern an die eigene, wahre Natur des Menschen. Wir glauben zu viel an den praktischen Wert des Wissens und wissen zu wenig vom praktischen Wert des Glaubens. Will ich mit einer Sache Erfolg haben, muss ich davon absolut überzeugt sein. Das allein führt schon zum Erfolg. Ob Sie glauben, eine Aufgabe zu schaffen oder nicht, Sie werden in beiden Fällen recht behalten. Schon Jesus sagte: Dir geschehe nach Deinem Glauben. Das ist ein geistiges Gesetz, das noch heute gilt. Die Kraft des Glaubens verwirklicht das, wovon Sie innerlich fest überzeugt sind. Doch der feste Glaube muss scheinbar wirkungslos bleiben, wenn ich die Erfüllung in die Zukunft verlege, während ich in der Gegenwart mein Bewusstsein auf den Mangel richte.

Wer wirklich glaubt, woran auch immer, setzt dadurch ungeheure Energien frei, die das scheinbar Unmögliche ermöglichen. Der wahrhaft Glaubende hat die Macht, alles zu erwerben oder sich von allem zu trennen.

Die Geisteskraft des Glaubens schließt uns an die eine Kraft im Universum an, sodass nichts mehr unmöglich ist. Der Sinn des Dankens ist es, dass man dankt für etwas, das man erhalten hat, und damit verlegt man die Erfüllung ins Jetzt. Die Macht des Glaubens ist jederzeit bereit, für Sie tätig zu werden. Wenn Sie wollen JETZT!

Beruf und/oder Berufung

Die Wahl des richtigen Berufs zählt wohl zu den wichtigsten Entscheidungen in Ihrem Leben, und die Gefahr, dabei in eine Sackgasse zu geraten, ist sehr groß. Dazu kommt, dass sich heutzutage die Berufsbilder immer schneller ändern. Über Jahrhunderte war es selbstverständlich, in den jungen Jahren ein Handwerk zu erlernen, und dabei blieb man bis zu seinem Lebensende. Die Auffassung, mit dem einen einmal gelernten Beruf in die Pension gehen zu können, kann eines Tages zu einem bösen Erwachen führen. Es führt zu Arbeitslosigkeit, Existenzangst, Depression und nicht zuletzt zu einem großen Einbruch seines Selbstwertgefühls.

Die Berufsbilder verändern sich ständig. bedingt durch den technologischen Fortschritt. Nur wer flexibel ist, sich ständig weiterbildet und sich den Veränderungen anpasst, bleibt ein begehrter Kandidat auf dem Arbeitsmarkt. Nur wer sich über den Durchschnitt erhebt, kommt zu Ehren, zu Sicherheit und Wohlstand.

Menschen ohne fundierte Fachausbildung werden es in Zukunft immer schwerer haben, weil es immer weniger Erwerbsmöglichkeiten geben wird. Die Bildungsexperten schätzen, dass im Jahr 2010 ganze 70 Prozent eine fachliche Aus- und Weiterbildung haben werden. 20 Prozent braucht es mit einer Hochschulbildung und nur gerade 10 Prozent des gesamten Arbeitsvolumens wird für Ungelernte zur Verfügung stehen.

Ohne wirklich gute Berufsausbildungsmöglichkeiten für unsere Jugend ist eine erfolgreiche Integration in den Arbeitsmarkt und letztlich in unsere Gesellschaft schon vorn herein zum Scheitern verurteilt. Bereits heute haben in den europäischen Staaten mehr als 50 Prozent der jungen Menschen keine fundierte Berufsausbildung mehr. Dadurch sind auch über 20 Prozent der unter 25-Jährigen arbeitslos.

Welche Berufe in der Zukunft besonders gefragt sein werden, ist gar nicht so schwer auszumachen. Sicher werden die Berufe in der Informatik und Elektronik noch ein unabsehbares Wachstumspotenzial entwickeln. Rein handwerkliche Berufe werden stagnieren und eher rückläufig tendieren. Die Tatsache aber, dass diese Berufe bei den Jugendlichen nicht mehr so gefragt sind, wird selbst dort ein Vakuum hinterlassen

In den Dienstleistungsberufen, im Verkauf und dem Tourismus läßt sich ebenfalls eine solide Zukunft voraussehen. Auch hier werden nur diejenigen mit einer fundierten Ausbildung auf eine gute Karriere hoffen dürfen.

Beratende Berufe, wie Steuerberater, Unternehmensberater und Anlageberater, werden in Zukunft sehr gefragt sein. Diese Berufe setzen ein hohes Verantwortungsbewusstsein voraus, denn sie sind

Steuermänner für die Gesundheit von Volk und Wirtschaft.

Berufe, die sich mit der Gesundheit des Menschen befassen, werden auch einen nicht absehbaren Bedarf aufweisen. Es gibt immer mehr Menschen, die immer älter werden, und unsere moderne Lebensweise kreiert immer neue und kompliziertere Krankheiten. Also vom Arzt bis zur Krankenschwester, vom Biochemiker bis zum Laboranten gibt es noch Hunderte von Möglichkeiten, seine ganz spezielle, eigene Nische zu finden.

Die neue Zeit braucht aber auch ganz neue Berufe in den Sparten Sozialbetreuung, Kultur und Freizeit, Umweltschutz und Energie. Auf einmal kann man selbst das Leben nicht einfach mehr geschehen lassen, wir sind aufgefordert, unser Leben zu leben und dafür braucht es jetzt in den meisten Fällen einen Fachmann, den „Lebensberater". Für diesen neuen Beruf gibt es großartige Zukunftsaussichten und es sind bereits gute Ausbildungsmöglichkeiten auf dem Markt. Die Zeit wird auch kommen müssen, wo dieses Fach an den Hochschulen gelehrt wird.

Von einem guten Beruf, der mit Freude und großem Einsatz erfüllt wird, darf man auch eine entsprechend gute Bezahlung erwarten. In dieser Hinsicht sind wir in Europa in einer sehr guten Lage, und die Norm sollte sein, am Ende des Monats das zu erhalten, was man „verdient" hat. Ist es weniger, dann stimmt Ihr Arbeitsplatz nicht und Sie sollten sich sofort nach einem neuen umsehen. Möchten Sie mehr haben, müssen Sie auch mehr dafür tun. Vielleicht sollten Sie an eine sinnvolle Weiterbildung denken. Dafür braucht es halt etwas Mut und Durchhaltewillen und die Bereitschaft, die Freizeitvergnügungen für diese Zeit etwas einzuschränken. An Angeboten fehlt es auf jeden Fall nicht und die richtige Auswahl wird zu einer wichtigen Herausforderung.

Vom Umgang mit dem Glauben

Wissen stellt Tatsachen fest – Glaube schafft Tatsachen. Der entscheidende Faktor bei der Schaffung unserer Realität ist der Glaube. Das geschieht so selbstverständlich, dass wir es gar nicht mehr bemerken.

Ein Beispiel: Sie haben etwas vor, ganz gleich um was es sich handelt. Das Erreichen einer neuen Position oder eines ganz neuen Arbeitsplatzes. Die Verwirklichung eines Projektes oder die Vertiefung einer Beziehung. Der Glaube bestimmt alle Bereiche des Lebens. Bewusst oder unbewusst prüfen Sie zunächst, ob das Vorhaben innerhalb der Grenzen Ihres Glaubens liegt. Ist das nicht der Fall, bemühen Sie sich erst gar nicht. Sie nehmen die veränderbare Grenze Ihres Glaubens als gegebene Tatsache. Liegt das Vorhaben innerhalb der Grenzen Ihres Glaubens, befassen Sie sich mit der Planung des ersten konkreten Schrittes. Kaum jemandem ist in dieser Phase bewusst, dass es seine eigene Schöpfung war, das Ziel außerhalb oder innerhalb der Grenzen seines Glaubens zu legen. Wir stützen uns dabei auf unsere Erfahrung. Bei der Durchführung des ersten Schrittes auf dem Wege zum Ziel kommt es in jedem Fall bereits zu einer Veränderung im Glauben. Sind die ersten Ergebnisse ermutigend, halten wir den Erfolg nicht mehr nur für möglich, sondern nun erscheint er erreichbar. Wieder haben wir etwas geschaffen, wir haben das Ziel in unsere Reichweite verlegt. Die Erfahrung der ersten Schritte hat unseren Glauben gestärkt und so unternehmen wir weitere Schritte. Irgendwo auf diesem Weg entsteht in uns die Gewissheit, dass wir unser Ziel erreichen. Wir haben, meist unbewusst, unseren Glauben bereits am Ziel festgemacht und damit ist die Erfüllung bereits geschehen. Unser Glaube hat das Ziel bereits verwirklicht, nun braucht es nur noch in Erscheinung zu treten. Keinem ist bewusst, dass bereits vor der Planung des ersten Schrittes feststand, ob diese Schritte zum Erfolg führen werden oder nicht, und diese Tatsache kann mit dem Armtest auch sichtbar gemacht werden. Mit seiner Hilfe können wir vorher feststellen, ob wir ein Ereignis „her-geglaubt" oder „weggeglaubt" haben. Dabei sollten wir unterscheiden zwischen wirklichem Glauben und bloßer Meinung. Eine Meinung ist Denken ohne die Wurzel des Glaubens und hat keine wirklichkeitsschaffende Kraft. Wirklicher Glaube hingegen ist immer wirklichkeitsschaffend.

Aus diesem einfachen Beispiel können wir nicht nur erkennen, wie stark und entscheidend der Glaube bei der Schaffung dessen beteiligt ist, was wir Realität nennen, wir sehen auch, dass der Glaube keine konstante Größe ist, sondern ständigen Veränderungen unterworfen, die wir natürlich auch bewusst herbeiführen können.

So können wir unseren Glauben an der Erfahrung wachsen lassen oder ihn aus dem gleichen Grund schwächen oder gar auflösen. Wir rücken das, was wir glauben, immer wieder in den Bereich der Tatsachen und dann bestätigt die Realität auch noch diesen Glauben. Das heißt, ob Sie glauben, etwas zu schaffen oder nicht, Sie werden in jedem Fall Recht behalten.

Wenn wir etwas nicht für möglich halten, sollten wir noch unterscheiden, ob wir es zeitlich oder räumlich weg-geglaubt haben. Ist es nur zeitlich weg-geglaubt, können wir es mit der Zeit doch noch erreichen. Haben wir es räumlich weg-geglaubt, ist es für uns unerreichbar, es sei denn, wir glauben es irgendwann doch noch näher, dann wird es erreichbar, oder wir glauben es her, dann wird es Realität. Entscheidend bei all dem ist allein unser Glaube. Wenn wir etwas nicht für möglich halten, finden wir natürlich auch gute Argumente dafür, warum es wirklich nicht möglich ist:

1. Die Umstände sind ungünstig oder machen es unmöglich.
2. Es fehlen die geeigneten Mitarbeiter.
3. Es ist zeitlich gar nicht zu schaffen usw.

Kaum jemand macht sich bewusst, dass dies alles Variable sind, die ja gerade von unserem Glauben abhängig sind, das heißt konkret, von unserem Glauben erst geschaffen werden. Wenn die Umstände derzeit ungünstig sind, dann heißt das doch nur, dass bessere Umstände geschaffen werden sollten. Wenn keine geeigneten Mitarbeiter zur Verfügung stehen, dann ist das doch nur eine Aufforderung, sie durch entsprechenden Glauben nach dem Gesetz der Resonanz anzuziehen. Wenn etwas zeitlich unmöglich ist, dann brauchen wir vielleicht mehr Hände, mehr Geld oder einen neuen Weg, damit wir glauben können, es doch noch in der zur Verfügung stehenden Zeit zu schaffen. In der Wirklichkeit fehlt es immer nur am Glauben. Alles, was ich bisher nicht glauben konnte und damit unmöglich machte, kann jederzeit umgeglaubt werden, und dann wird es nicht nur möglich, sondern sicher.

Wissen stellt Tatsachen fest – Glaube schafft Tatsachen

Glauben lernen durch Erfahrung. Die Macht der kleinen Schritte. Erfolg mental vorauserleben, Unerwünschtes umerleben. Sich nicht gleich zu viel vornehmen. Erst einmal ein Erfolgserlebnis schaffen. Dadurch, dass ich das erreiche, lerne ich Schritt für Schritt zu glauben aus Erfahrung. Glaube immer mehr an mich selbst. Den vorhandenen Glauben bewusst machen. Glaubenserfüllungserlebnisse führen zu Glaubenserfahrung. Die Energie des erfüllten Wunsches schaffen und erhalten. Ich weiß nicht, was morgen sein wird, aber ich weiß, was am Ende sein wird.

Ihr Bewusstsein bestimmt Ihre Lebensumstände

Wir alle haben Bewusstsein, aber kaum jemand ist bei Bewusstsein. Worauf immer Sie Ihr Bewusstsein richten, das verwirklicht das Leben. Der Grad Ihres Bewusstseins bestimmt Ihre Lebensumstände, die Aufgaben, die Ihnen das Leben stellt und letztlich Ihr Schicksal. Sie aber bestimmen, in welchem Bewusstsein Sie leben. Es beginnt damit, dass wir unseren Verstand überschreiten und in die Grenzenlosigkeit des Bewusstseins eintreten, nach innen lauschen und wahrnehmen, wer wir wirklich sind. Sobald wir das erkannt haben, wird uns unsere bisherige Persönlichkeit zu klein, wir lassen die Alltagspersönlichkeit los und fangen an zu leben als der, der wir wirklich sind. Dadurch erhöht sich ständig unser Bewusstseins-Quotient und die individuelle Transformation vervielfacht sich.

Auf diesem Weg entdecken wir den inneren Jungbrunnen und das Geheimnis vollkommener Gesundheit. Wir treten ein in die unbegrenzten Möglichkeiten des menschlichen Geistes. Das alles führt zu einer unglaublichen Steigerung der Lebensqualität und wir erkennen, dass man Lebenskunst lernen kann, und wir fangen an, das Leben zu zelebrieren. Wir entwickeln uns stimmig mit dem Lebensfluss und erkennen, wie man Erfüllung in allem finden kann. Sobald wir die Begrenzungen der Persönlichkeit losgelassen haben, erleben wir bewusstes „Ein-ver-standen-sein“.

Irgendwann erleben wir dann einen Durchbruch zur befreienden Einsicht – der Erleuchtung. Der Weg vom ICH zum Selbst ist abgeschlossen und wir leben im „kosmischen Bewusstsein“. Zurückblickend sehen wir, Leben heißt in Wirklichkeit, sich mehr und mehr wieder zu erinnern und in dem Maße, wie das geschieht, lassen wir unsere Persönlichkeit hinter uns und kommen ins unpersönliche Leben. Nun geht es darum, herauszufinden, wie man im Höchsten Bewusstsein bleibt, wie man vom Meisterbewusstsein zum Leben als „Ebenbild Gottes“ kommt, so wie wir geschaffen und gemeint sind. Das ist einfach, aber keineswegs leicht: Du brauchst dich nicht zu ändern – TRITT HERVOR! Was dann kommt, ist das eigentliche Leben und du erkennst, alles bisher war nur Vorbereitung. Das Abenteuer des wahren Lebens kann beginnen.

Bewusst-SEIN ist nicht etwas, das man zehn Minuten täglich oder zwei Stunden täglich oder sechs Stunden täglich praktiziert. Auch nicht etwas, das man am Sonntag tut. Bewusstes Sein ist ein Zustand des BEWUSSTSEINS, ein Weg zu leben, der ständig gegangen werden sollte.

Dieser Weg ist nicht nur natürlich, er ist letztlich der EINZIGE. Auch im Zeitalter der Raumfahrt ist die Reise zu sich selbst das größte menschliche Abenteuer geblieben. Denn der Mensch kann mit seinen Sinnesorganen bestenfalls 1 Prozent der bekannten Energie wahrnehmen. Das Abenteuer beginnt, wenn wir anfangen, die restlichen 99 Prozent zu entdecken. Das, was wir finden mag faszinierend sein, aber die Suche danach ist schon Belohnung genug.

Wir leben im Zeitalter der Evolution des BEWUSSTSEINS. Alle Bereiche des menschlichen Lebens verändern sich geradezu dramatisch und das ist erst der Anfang. Beruf, Schule, Partnerschaft, Gesundheit, vor allem aber der bewusste Umgang mit sich selbst. In naher Zukunft wird Gesundheit selbstverständlich sein und auch wirtschaftlich.

Der Positive sieht in jeder Schwierigkeit eine Möglichkeit. Der Negative sieht in jeder Möglichkeit eine Schwierigkeit.

Das Gesetz von Ursache und Wirkung

Es gibt immer einen Zusammenhang zwischen dem, was war, und dem, was folgt. Alles Geschehene gehorcht dem Gesetz von Ursache und Wirkung. Das, was wir Zufall nennen, ist nur ein Ausdruck für eine verborgene, unbekannte Ursache; niemals aber geschieht etwas ohne Ursache und jede Wirkung entspricht in Qualität und Quantität immer genau der Ursache. So gibt es auch keinen Zufall, denn auch er gehorcht dem Gesetz von Ursache und Wirkung. Zufall ist das, was mir auf Grund meines So-Seins zufällt. Zufall und Glück sind nur Bezeichnungen für einen nicht erkannten Zusammenhang.

Meisterschaft entfalten, auf Lebensqualität achten (Tages- und Lebensplanung). Gutes Essen, gute Musik hören, ein faszinierendes Hobby zulegen, alles tun, was Behaglichkeit auslöst. Wohnen als Therapie. Die Atmosphäre eines jeden Raumes bewusst bestimmen. Den Raum mit mir selbst erfüllen. Vom Ziel aus denken. Was muss jetzt geschehen, damit ich am Ende sagen kann: Ich habe wirklich gelebt!

Der Schlüssel zum Erfolg liegt nicht in noch mehr Arbeit. Eher darin, dass Sie sich auch genügend Zeit zur Musse nehmen. Sie haben richtig gehört. Ausreichende Musse ist ein nicht zu unterschätzender Erfolgsfaktor. Erst wenn Sie sich die Zeit nehmen, Ihr

Leben öfter einmal zu überblicken und darüber nachzudenken, ist ein größerer Durchbruch zum eigentlichen Erfolg möglich. Erst dann beginnt die unermesslich kreative Kraftquelle Unterbewusstsein voll zu arbeiten und oft haben Sie gerade in Augenblicken der Muße die besten Einfälle. Und nun entwickeln Sie die Fähigkeit, die Arbeit zu tun, die den Erfolg bringt und nicht nur das, was getan werden muss. Wenn Sie ständig arbeiten, haben Sie keine Zeit mehr, wirklich Geld zu verdienen.

Welches Bild ich also von mir habe, mein Selbstbild, gestaltet mein Leben. Oft ist dieses Bild entscheidend von anderen geprägt und entspricht mir gar nicht. Dann kann allerdings auch mein Leben mir nicht entsprechen.

Unsere Imagination verbindet uns mit dem gewünschten Zustand. Aber wir müssen unsere Imagination meisterhaft anwenden, nicht wie ein Zuschauer, auf das Ende sehend, sondern wie ein Teilnehmer, vom Ende aus. Die wesentlichste Täuschung, der der Mensch unterliegt, ist seine Überzeugung, dass es andere Ursachen gibt als seinen eigenen Bewusstseinszustand.

Der Arbeitsplatz als Abenteuerspielplatz

Der Begriff „Abenteuerspielplatz" impliziert auch, dass Menschen im Berufsleben das fortsetzen, was sie auch in ihrer Kindheit getan haben; ihre Fähigkeiten entdecken und entwickeln. In der Kindheit mit der elektrischen Eisenbahn, der Puppenküche, dem Kaufladen und auf dem Sandspielplatz, als Erwachsene zum Beispiel durch das Bauen von Sandburgen an der Nordsee und im Beruf, in dem, was wir Unternehmen nennen. Das Unternehmen wird vom Wirtschaftsbetrieb über die Arbeitsstätte, die Einkommensquelle zum Ort der beruflichen Entwicklung, zum Abenteuerspielplatz, zum Raum für persönliche Entfaltung, zum Ort der Entdeckung des Lebens, zur Erfüllung und Lösung des Lebensdramas. Dann ist das Unternehmen kein Hindernis mehr für die persönliche und spirituelle Entwicklung. Es kann zu einem Ort werden, an dem sich beides vollziehen kann. Denn der Gewinn ist kein Signal mehr, ob man sich richtig verhält.

Hier öffnet sich für uns eine faszinierende Welt. Heile das Unternehmen, um selbst heil zu werden. Heile dich selbst, um das Unternehmen zu heilen. Ich kann die Nöte meines Inneren durch Innenschau erkennen, durch die Entschlüsselung der Bedeutung meiner physischen Krankheiten oder – und das ist neu – durch die Beobachtung der Probleme und Schwierigkeiten, die ich im Betrieb erlebe, in dem ich meinen Beruf ausübe.

Werden Sie Lebensberater

Das Leben stellt uns täglich neue Aufgaben. Nur wenige Menschen sind in der Lage, ihre Probleme selbst zu lösen und zu erkennen, dass Geld oder wirtschaftlicher Erfolg allein keine dauernde Erfüllung bringen. Auch in gesundheitlichen Krisen ist eine medikamentöse Behandlung allein für eine Heilung nicht ausreichend. Viele Menschen sind inzwischen bereit, Verantwortung für sich und ihr Leben zu übernehmen und suchen eine Lösung in sich selbst. Dazu brauchen sie einen kompetenten Freund und Helfer – den Lebensberater.

Jeder weiß, dass negative Gedanken negative Folgen haben. Solange wir aber die genauen Zusammenhänge zwischen Ursache und Wirkung nicht kennen, suchen wir das Glück im Außen statt im Innen. Unzufriedenheit, Resignation, bis hin zu Krankheit und Depression können die unmittelbare Folge sein.

Wirklich zu leben ist eine Kunst. Nur durch eine harmonische Lebensgestaltung können wir unserem Leben wieder mehr Sinn und Tiefe geben. Wenn unser Weltbild nicht stimmt, fehlt das Fundament für eine positive Lebensführung.

Die Aufgabe des Lebensberaters ist es, eine Lücke in der Betreuung von Hilfe suchenden Menschen zu schließen. Im Gegensatz zu anderen beratenden und helfenden Berufen nimmt sich der Lebensberater wirklich Zeit für seinen Klienten und zeigt ihm die wirkliche Ursache seiner Beschwerden und Probleme. Er zeigt ihm Wege, wie er solche Lebensaufgaben nachhaltig und wirksam löst. So wird der Lebensberater zum Freund und Vertrauten, der hilft, Ängste und Nöte zu überwinden und aus Schwächen Stärken zu machen. Er vermittelt Sicherheit und Selbstvertrauen und zeigt, wie man den Glauben an sich selbst wieder findet. Der Lebensberater gibt seinen Klienten ein ganz neues Selbstbewusstsein.

Ein guter Lebensberater versteht es, mit Rat und Tat dem Hilfesuchenden eine Brücke zu bauen, die sicher über jeden Abgrund führt. Der Lebensberater ist ein Wegbegleiter, der hilft, alle Ziele sicher zu erreichen.

Um anderen wirksam helfen zu können, muss jeder in sich die Voraussetzungen für eine eigene positive Lebensführung schaffen. Dazu gehört Selbstsicherheit und Selbstvertrauen. Unsere Aufgabe ist es, als Lebensberater überzeugend und glaubhaft zu sein. Nichts in unserem Leben wird dem Zufall überlassen. Durch unsere Denkweise prägen wir unser Schicksal und erreichen sicher unsere Ziele. Der Sinn unserer Arbeit ist es, die geistigen Gesetze des Lebens zu vermitteln und diese in die Praxis umzusetzen.

Jeder Mensch wünscht sich einen Freund und Berater, der ihm hilft, seine Probleme zu lösen, seine Wünsche zu erfüllen und seine Ziele sicher zu erreichen. Mit Kompetenz, Wissen, Intuition und ständig wachsender Erfahrung ist der Lebensberater für jeden da, der selbst keinen Weg aus der Krise sieht. Ganz gleich, welche Fragen im Leben auch gestellt werden, eine Lebensberatung kann helfen, die Wirklichkeit hinter dem Schein zu erkennen. So ist der Lebensberater oft der Einzige, der sich für die jeweilige Problematik ausreichend Zeit nimmt, seine Klienten anhört und zu wirklichen Lösungen motiviert. Wir brauchen in der Zukunft möglichst viele Lebensberater, um die anstehenden individuellen und globalen Schwierigkeiten zu meistern.

Der Lebensberater berät in partnerschaftlichen und gesundheitlichen Fragen, hilft in beruflichen, finanziellen und familiären Krisen und versteht es, seinen Klienten ein neues Selbstbewusstsein zu vermitteln.

Die Kunst der überzeugenden Kommunikation

An Missverständnissen sind immer die anderen schuld – dies ist eine alltägliche Entschuldigung, die uns weder im Beruf noch im Leben einen Schritt weiter bringt. Die Fähigkeit der effizienten Kommunikation ist eine ausgezeichnete Grundlage, mit der wir unseren Erfolg steigern können. Überzeugend kommunizieren heißt, sich voll und ganz auf den Empfänger einzustellen und dabei selbst zu spüren, wie jedes einzelne Wort ankommt und verstanden wird. Jedes Wort, das neben der Empfangsfrequenz unseres Gesprächspartners liegt, ist eine unnötige Energieverschwendung und bringt den anderen nur dazu, sich weiteren Kontakten mit uns zu entziehen.

Die Aufmerksamkeit der Zuhörer muss unbedingt geweckt werden. Mit dem unendlichen Gequassel, das uns umgibt, können wir nur dadurch fertig werden, dass wir uns einfach wie ein Radio abschalten. Zum Glück gibt es doch einige brauchbare Werkzeuge, die uns helfen, die Aufmerksamkeit unserer Zuhörer auf uns zu lenken und sie auch mit einem interessanten Thema so zu fesseln, dass sie bei der Stange bleiben.

Als erstes zu erwähnen wäre da die Stimme. Erstaunlich viele Menschen sprechen so leise, dass man sie einerseits oft missversteht, und andererseits schwindet sehr bald die Konzentration, weil man so angestrengt hinhören muss. Leises Sprechen ist oft auch ein Indiz für Unsicherheit und mangelndes Selbstbewusstsein. Diese Irritation wird noch verstärkt, wenn der Redner die Hand vor den Mund hält und mit seinem Blick rastlos umherwandert. Sie also sprechen zu Ihrem Gegenüber mit klarer, ruhiger Stimme, mit einem freien Gesicht und einem offenen Blick.

Sprechen Sie in den anderen hinein. Häufig beobachten wir, dass Menschen gerade 40 bis 50 Zentimeter vor sich herreden und darum ihre Zuhörer gar nicht erreichen können. Auch dem kann sofort abgeholfen werden, wenn Sie sich bildhaft vorstellen, wie die Worte in Ihre Zuhörer hineinfließen. Der so Angesprochene spürt förmlich die Worte, kann und will sich ihnen nicht entziehen.

Vermeiden Sie es zu monologisieren. Auch wenn Ihr Thema hochinteressant ist, Ihre Gesprächspartner möchten nicht unbedingt einer „Predigt" beiwohnen. Seien Sie aufmerksam und lassen Sie Bemerkungen und Fragen zu. Geben Sie jedem das Gefühl, ein ganz wichtiger Teilnehmer in dieser Gesprächsrunde zu sein.

Bevor Sie zu reden beginnen, überlegen Sie, was Sie zu sagen haben. Wir neigen oft dazu, einfach mit dem Sprechen loszulegen, und finden es ganz selbstverständlich, dass der andere es schon verstehen wird. Beginnen Sie niemals einen Satz, bevor Sie wissen, wie er enden wird. Es besteht kein Grund, unsicher zu werden, wenn Sie mal eine Pause einlegen, um Ihre Gedanken zu sammeln. Hier gilt wirklich noch das Sprichwort: „Reden ist Silber, Schweigen ist Gold."

Beim gedankenlosen Daherreden wird die Aussage unklar, die Sätze neigen dazu, sich zu verschachteln, und der Zuhörer hat immer mehr Mühe mit seiner Konzentration. Versuchen Sie auch langsam zu sprechen. Die meisten Menschen sprechen zu schnell, kaum einer spricht zu langsam. Selbst wenn Sie für Ihr Gefühl viel zu langsam sprechen, ist es für Ihre Zuhörer gerade im Tempo richtig.

Vermeiden Sie auch monotones Sprechen, damit schläfern Sie Ihre Zuhörer ein. Sie sollten Ihrer Stimme mit einer guten Modulation mehr Ausdruck verleihen. Zur Kontrolle Ihrer Sprechqualität ist der Kassettenrekorder ein nützlicher und unbestechlicher Kritiker, den Sie öfters zu Rate ziehen sollten. Falls Sie fürchterlich erschrecken, wenn Sie sich das erste Mal ab Band hören, lassen Sie sich nicht entmutigen, denn so ist es auch dem besten Rundfunksprecher ergangen. Sie müssen sich erst daran gewöhnen, dass da jemand ganz anderer aus dem Lautsprecher tönt. Das wird vorbeigehen und bald können Sie effizient an Ihrer Stimme feilen.

Sprechen Sie in einer Sprache, die von Ihren Zuhörern verstanden werden kann. Es ist sinnlos, vor Zuhörern, die keine höhere Bildung genossen haben, mit hochgestelzten Satzkonstruktionen und exotischen Fremdwörtern glänzen zu wollen. Erfahrungen zeigen, dass selbst akademisch geschulte Zuhörer eine klare, einfache Sprache zu schätzen wissen. Auf den Inhalt kommt es an, nicht auf die (Mogel-)Verpackung. Außerdem laufen Sie nie in Gefahr, sich mit unsachgemäßem Gebrauch von Fremdwörtern in die Nesseln zu setzen.

Zur effizienten Kommunikation gehört auch die Fähigkeit des Zuhörens. Was Sie bei den andern voraussetzen, sollten natürlich auch Sie perfekt beherrschen.

- Seien Sie einfühlsam und schlüpfen Sie in die Haut des anderen.
- Richten Sie Ihre volle Konzentration auf den Sprechenden, vermeiden Sie, dass Ihre Gedanken abschweifen.
- Üben Sie sich in Geduld, auch wenn der andere kein sehr guter Gesprächspartner ist.
- Vermeiden Sie es, den andern spüren zu lassen, dass Sie alles schon längst wissen. Er könnte Versagensängste bekommen und sich verschließen.
- Scheuen Sie sich nicht Fragen zu stellen, denn das ist wesentlich besser als etwas falsch zu verstehen.
- Geben Sie offen und ehrlich zu, wenn Sie etwas nicht verstehen, das schafft Vertrautheit und ermuntert den andern, genauso offen und ehrlich mit Ihnen zu kommunizieren.

Das beste Lob für Sie ist, wenn Ihr Gesprächspartner meint, er hätte eine angeregte, interessante Diskussion mit Ihnen geführt, obwohl Sie kaum etwas gesagt haben. Wieder eine passende Situation für das schon einmal erwähnte Sprichwort von „Silber und Gold".

Kontrollieren Sie einmal Ihre Körpersprache und auch die Ihres Gegenübers. Diese nonverbale Kommunikation birgt eine Menge von feinen Informationen, über die sich Bücher schreiben ließen (und auch schon viele Bücher geschrieben wurden). Hier ein paar rudimentäre Beispiele:

Ihr Gesprächspartner . . .

. . . lehnt sich im Stuhl zurück = es interessiert mich eigentlich nicht mehr, was Sie erzählen.

. . . lehnt sich im Stuhl nach vorn = ich bin sehr interessiert, erzählen Sie mir bitte alles ganz genau.

. . . verschränkt die Arme = Abgrenzung, ich fühle mich bedroht.

. . . setzt die Brille ab = bin mit ihnen nicht einverstanden, ich sehe das anders.

. . . rückt sich die Brille zurecht = ich möchte diese Sache besser durchschauen.

. . . spielt mit dem Kugelschreiber = kommen wir zur Sache, ich bin bereit zur Unterschrift.

. . . stellt den Kugelschreiber auf die Spitze = ich will jetzt endlich auf den Punkt kommen.

... reibt sich die Nase = jetzt bin ich verwirrt.

... streicht mit dem Zeigefinger unter der Nase = das will ich jetzt ganz kritisch beobachten.

... rückt sich auf dem Stuhl zurecht = ich fühle mich sehr unbehaglich und möchte am liebsten gehen.

... presst die Lippen zusammen = das mag ich so nicht annehmen.

... zusammengezogene Augenbrauen = ich bin in höchster Konzentration.

... Finger an der Stirn = ich versuche, meine Gedanken zu ordnen und anzuregen.

... reibt sich den Nacken = ich fühle mich unbehaglich in dieser Situation.

... reibt sich die Hände = ich bin zufrieden und fühle mich wohl.

Sich als Erfolgswerkzeug magnetisch machen

Wirklich erfolgreich sein heißt auch, Selbstbewusst-sein und in der Selbst-Identifikation leben. Dazu müssen wir die konzentrative Entspannung lernen und halten. Das Geheimnis der Hunzas – Ruhen im Tun.

Das heißt, wir müssen unbedingt . . .

. . . den Atem beobachten

. . . in die Gedankenstille gehen

. . . intuitive Sensitivität entwickeln

. . . umschalten vom Sehen zur Wahrnehmung

. . . über uns hinauswachsen

. . . in die Vollmacht gehen und bleiben

. . . vom Opfer zum Schöpfer werden

. . . zu Bewusstsein kommen und bei Bewusstsein bleiben

. . . bei sich selbst ankommen und angekommen leben

. . . uns auf uns selbst einstimmen

. . . im Einklang mit uns selbst leben

. . . kontemplativ verschmelzen mit uns selbst

... das Tor des Himmels öffnen und offen halten

... in das Informationsfeld des Allbewusstseins eintauchen

... uns von unserer Intuition führen lassen

... zuerst innerlich reich werden

... Mangelbewusstsein auflösen

... Wohlstandsbewusstsein schaffen

... Erfolgshindernisse auflösen

... das Ärgern verlernen

Das Ziel bestimmt den Weg und die Schritte. Jeder Lebensumstand und jedes noch so negative Ereignis bringt uns weiter, wenn wir richtig damit umgehen. Jeder Gedanke ist eine Ursache und kehrt zurück, als Ereignis, Umstand, Zufall oder Situation.

Wir müssen uns immer wieder die Fragen stellen: Was kann ich nicht loslassen? Woran hänge ich noch? Wo sind meine Hemmungen und Blockaden und wie kann ich sie auflösen? Bin ich mir meiner Kernglaubenssätze bewusst und wie kann ich sie optimieren?

Ich habe so viel Erfolg, Geld, Erfüllung, wie mein Glaube es zulässt. Der Wunsch zeigt das Ziel, der Glaube den Weg. „Bittet um was Ihr wollt, glaubt nur, dass Ihr es erhalten habt, und es wird Euch werden.“ Dies sagt uns die Bibel.

Glauben kann gelernt und sogar wie ein Muskel trainiert werden. Alles kann und darf auch jederzeit „umgeglaubt“ werden.

Glaubenserlebnisse verdichten sich mit der Zeit zu Glaubenserfahrung. Ob ich glaube, etwas zu schaffen oder nicht, ich werde in jedem Falle Recht behalten. Das wichtigste ist, dass ich an mich selbst glaube und von mir selbst überzeugt bin. Ich fühle mich wert, Erfüllung und Erfolg zu erreichen.

Ich mache mich resonanzfähig für den Erfolg. Ich entwickle ein Chancenbewusstsein und nutze die Chancen, die das Leben mir ständig bietet.

Kriterien zum Schlüssel des Erfolgs

Erfolgreich sein kann man lernen. Erfolg ist ein Produkt, das man herstellen kann. Sie können so viel Erfolg verursachen, wie Sie wollen. Sie können in jedem Augenblick beginnen. Sie können in jedem einzelnen Fall erfolgreich sein. Erfolg gehorcht ganz einfachen Gesetzen. Sobald ich die kenne und befolge, ist der Erfolg unvermeidbar. Wer morgen nicht von gestern sein will, der muss heute, jetzt etwas tun.

Erfolg ohne Erfüllung ist kein Erfolg. Jeder hat immer Erfolg. Absicht und Ergebnis sollten übereinstimmen. Harte Arbeit ist keine Ursache für Erfolg. Lassen Sie sich für Ihre Freude gut bezahlen. Das Leben ist ein Spiel, in dem Sie nur gewinnen können.

Noah baute seine Arche bei schönem Wetter. Erfolg ist abhängig vom Grad meines Bewusstseins, der Beherrschung meines Denkinstruments, der inneren Dimension und dem Grad meines Glaubens. Ob Sie glauben, etwas zu schaffen oder nicht, Sie behalten in jedem Falle Recht. Misserfolge sind nur Zwischenergebnisse auf dem Weg zum endgültigen Erfolg. Am sichersten erreichen Sie Ihre Ziele durch mentales Vorauserleben.

Jeder bekommt immer nur das, was er verursacht. Nicht mehr, nicht weniger und nichts anderes. Erfolg ist kein Geschenk und kein Zufall. Ereignisse sind manifestierte Bewusstseins-Inhalte. Sie sind nicht Opfer, sondern Schöpfer der Umstände. Womit verhindern Sie derzeit Ihren Erfolg?

Nichts kommt von nichts! Arm oder reich kostet die gleiche Kraft. Erfolg und Freude sind nicht zu trennen. Im Spiel des Lebens können Sie nur gewinnen. Alles, was Sie anfangen, endet immer erfolgreich, Sie müssen nur durchhalten bis zum Erfolg.

Bestimmen Sie genau, was Sie wollen.

Zielklarheit – Hindernisse – Konsequenzen

Was bedeutet für Sie Erfolg? Wenn Sie etwas ändern wollen, müssen Sie etwas ändern! Sie müssen sich wirklich für den Erfolg entscheiden, „ich möchte" allein genügt nicht.

Einem jeden geschieht nach seinem Glauben. Glauben ist das zuverlässigste Mittel gegen Misserfolg. Glaube ist wirklichkeitsschaffend. Glaube schafft Tatsachen, Wissen stellt Tatsachen fest. Sie haben so viel Erfolg, Geld, wie Ihr Glaube es zulässt. Der Wunsch zeigt das Ziel, der Glaube den Weg. Bittet um was ihr wollt, glaubt nur, dass ihr es erhalten habt, und es wird euch werden. Alle Dinge sind möglich dem, der glaubt.

Meine individuelle Vision finden und verwirklichen. Die innere Schau der Wirklichkeit. Sich von der Freude führen lassen. Hemmungen und Blockaden erkennen und auflösen. Ballast abwerfen. Gedanken, die wir nicht loswerden, werden unser Los. Getroffene Entscheidungen nur überdenken bei neuen Umständen. Was können Sie nicht loslassen? „Sperrmüll" erkennen und beseitigen. Das Ärgern verlernen. Dankbar sein für jede Enttäuschung. Das als richtig Erkannte auch tun.

Eine Lösung, bei der nicht alle gewinnen, ist keine Lösung. Ein Fehler ist nur eine Aufforderung, einen Schritt zu tun. Werden Sie eine gewinnende Persönlichkeit. Nicht jeder ist mein Freund, aber jeder mein Lehrer. Sehen, hören, fühlen, lesen, lernen. Sein Selbstbild bewusst machen und optimieren. Die Vorbereitung ist die Entscheidung. Sich selbst lieben und sein bester Freund sein. Sein Leben wirklich führen. Was mache ich heute besser als gestern?

Genügend Musse als Schritt zum Erfolg. Die Kunst des Genießens erlernen. Reibungslos leben. Echt, ehrlich und authentisch sein. Alles als Chance erkennen und nutzen. Eine positive Einstellung zu Problemen entwickeln. Wenn wir etwas überstehen wollen, müssen wir darüber stehen. Probleme exakt definieren. Krisen als Chance erkennen und nutzen.

Von der Vorstellung zur Wirklichkeit. Imagination ist das Tor zur Wirklichkeit. Realität hängt von der Intensität der Imagination ab. Imagination verbindet mit dem gewünschten Zustand. Durch Imagination wird Zukunft zur Gegenwart.

Sein Denkinstrument beherrschen lernen. Vom linearen über das holistische zum universellen Denken. Unsere Fehlschläge sind lehrreicher als unsere Erfolge. Das geistige Erlebnis des erfüllten Wunsches. Die Energie des erfüllten Wunsches halten. Die Identifikation mit dem erfüllten Endzustand.

Sein Charisma entwickeln und wirken lassen. Die Erfolgs-Aura schaffen. Sie sind einzigartig und faszinierend. Jeder Kontakt mit Ihnen ist Freude und Gewinn. Der neue Mensch der Zukunft, der ich jetzt bin. Sich am Leben begeistern.

Vom Beruf über die Berufung zur Erfüllung. Sein Leben zu einem Kunstwerk machen. Der Weg ist das Ziel. Der wichtigste Augenblick ist jetzt. Alles kann nur jetzt stattfinden. In Einklang mit sich selbst und dem Ganzen sein. Sich in sein Handeln vertiefen. Das Geheimnis der Unbesiegbarkeit.

Einverstanden sein. Transformation zu sich selbst. Selbst zum Erfolg werden. Geistesgegenwärtig leben. Lebensqualität als Weg. Angekommen leben. Du brauchst dich nicht zu ändern – tritt hervor!

Das Geheimnis der Wandlung

Dies ist ein Weg, wie man jedes Spiel im Leben gewinnen kann. Denn Sie bestimmen die Richtung, in die sich ein Ereignis oder eine Situation entwickelt. Es ist der Weg der bewussten Wandlung.

Ganz gleich, was gerade in Ihrem Leben geschieht, machen Sie sich bewusst, dass Sie daraus einen Erfolg machen können. Nehmen Sie das zu wandelnde Ereignis in Ihr Bewusstsein und stellen Sie sich drei Möglichkeiten vor, wie daraus ein Erfolg für Sie werden kann. Erleben Sie jede dieser Möglichkeiten ganz lebendig und in allen Einzelheiten durch und beenden Sie jede dieser Vorstellungen mit einem starken Gefühl der Dankbarkeit dafür, dass Sie wieder einmal Erfolg hatten. Das Gefühl der Dankbarkeit ist besonders wichtig, damit nicht unbewusst der Gedanke auftaucht: Hoffentlich klappt es auch diesmal. Dieser Gedanke des Zweifels würde das Ereignis ins Gegenteil verkehren. Dankbar ist man für etwas, das man bereits erhalten hat, und so geschieht Wandlung in die Richtung Erfolg. Bestimmen Sie mit Ihrer Vorstellung genau, welche Art Erfolg Sie wünschen, und es wird genau so geschehen. Sie können so jeden Misserfolg in einen Erfolg umwandeln. Noch besser ist es, gar nicht erst einen Misserfolg abzuwarten, sondern gleich Erfolg in einer Sache zu verursachen.

Das Glück ist in uns selbst

Unsere Zeit ist geprägt von einer rastlosen Jagd nach dem Glück. Wohin Sie blicken, wird Ihnen Glück in den verschiedensten Formen versprochen. Auf jedem Plakat wird Ihnen das Glück angepriesen, wenn Sie eine bestimmte Zigarettenmarke rauchen; die Bank bietet Ihnen das finanzielle Glück durch besondere Kreditbedingungen; die Reisebüros wiederum versprechen Ihnen Glück am sonnigen Strand. Wenn das so einfach ist, warum gibt es dann so viele unglückliche Menschen?

Glück ist ein individuelles Gefühl – für jeden bedeutet Glück etwas anderes. Der eine ist glücklich, wenn er im Lotto gewinnt, der andere empfindet Glück in den Armen des geliebten Menschen und der Dritte wiederum fühlt sich glücklich, wenn er allein einen schönen Sonnenuntergang am Meer genießen kann. Glück ist kein Dauerzustand, sondern besteht aus Augenblicken, aus Momenten, die uns unvergesslich bleiben und die uns alles andere vergessen lassen. Wenn wir diese seltenen Momente als das „große Glück" bezeichnen, so wollen wir uns mehr mit dem so genannten „kleinen Glück" auseinander setzen. Das kleine Glück ist die innere Zufriedenheit, die Harmonie in uns und die daraus resultierenden angenehmen Lebensumstände in jeder Beziehung.

Dieses „Mit-sich-selbst-im-Einklang-Stehen“ wird uns durch die Reizüberflutungen des heutigen Lebens gar nicht so einfach gemacht. Niemand hat mehr Zeit – nicht für andere, ja noch nicht einmal für sich selbst! Das Ergebnis ist deutlich sichtbar. Gehen Sie einmal durch die Stadt und betrachten Sie Ihre Mitmenschen. Gehetzt und aggressiv eilen sie durch die Straßen; starre Blicke, unfreundliche Worte und nervöses Drängeln, wohin man auch schaut. Wer so durch sein Leben hastet, der hat das Glück nicht gefunden, weder in sich selbst noch durch irgendeinen käuflichen Artikel.

Das Glück und die Zufriedenheit liegen in jedem selbst – in seinem tiefen Inneren. Wer diesen Bereich in sich nicht entdeckt, dem geht ein wesentlicher Teil seines Lebensglücks verloren. Beginnen Sie jetzt, das Glück in sich zu entdecken. Werden Sie sich Ihrer positiven Anlagen bewusst, dann können Sie sich am besten Ihre persönlichen Glücksziele setzen.

Die Kunst des Genießens

Die Kunst des Genießens heißt, in das Geheimnis Leben eintreten. Können Sie Ihr Leben wirklich genießen? Erleben Sie bewusst die vielen angenehmen Kleinigkeiten, die jeder Tag bietet? Erkennen Sie jeden Tag als ein neues Abenteuer, das noch nie da war und auch nie wiederkommen wird.

Lebensfreude, Leichtigkeit und Glück sind nicht abhängig von irgendwelchen Umständen. Alles ist immer so leicht oder so schwer, wie ich es nehme. Mein Leben ist so schön, wie ich es mir mache. Die Leichtigkeit des Seins beginnt jetzt! Sie können jetzt anfangen, jeden Augenblick zu genießen. Auch die schwierigen Szenen im Film des Lebens genießen. Sich für Genuss resonanzfähig machen. In der Zeitlosigkeit (alterslos) leben. Sich selbst treu bleiben. Die Frage ist nicht, wie alt man wird, sondern wie man alt wird. Die Schönheit des Handelns entdekken. Der Mensch wurde geboren, um in der Fülle zu leben, und das geschieht, sobald er von seiner Vollmacht Gebrauch macht.

Jemand hat einmal gesagt: Es gibt drei Regeln, wie man ein glückliches, sorgenfreies Leben führt. Unglücklicherweise weiß niemand, wie sie lauten. Eine lautet sicher: Liebe dein Leben!

Was müsste geschehen, um sagen zu können: Das Schönste im Leben ist zu leben? Was ist der Inhalt, das Thema, der Sinn meines Lebens? Die Verschwendung der Freizeit beenden. Mit dem universellen Sinn verschmelzen.

Für manche Menschen ist das Wort Genuss oder Lust negativ besetzt, das sollte nicht so sein. Dabei ist das Leben als Genuss gedacht, also fangen Sie an, jeden Augenblick zu genießen. Und fangen Sie gleich hier an. Genuss ist nicht abhängig von den Umständen, sondern von unserem Umgang damit. Hören Sie so oft wie möglich gute Musik und üben Sie, Musse zu haben, Zeit, in der Sie nichts anderes tun als zu sein – Lebenskünstler zu sein. Stellen Sie sich einmal den Tagesablauf eines Lebenskünstlers vor. Wie sieht der aus?

Lernen Sie die Kunst des Zelebrierens. Das bedeutet, allem Tun durch die eigene Aufmerksamkeit einen ganz besonderen Wert zu geben. Zelebrieren heißt zu leben wie in einer ständigen Tee-Zeremonie. Zelebrieren Sie einfach nur den Augenblick und fühlen Sie, dass Sie wirklich leben. Zwingen Sie sich zu nichts mehr, außer dazu, sich zu nichts zu zwingen. Schenken Sie sich regelmäßig Zeiten, in denen Sie nichts planen. Seien Sie absichtslos und finden Sie heraus, womit diese Zeit erfüllt sein möchte, welche innere Qualität sie hat und wie Sie diese am besten zum Ausdruck bringen können. Nehmen Sie sich Zeit für das Ungewohnte, Überraschende und machen Sie aus allem etwas ganz Besonderes. Seien Sie offen für die besondere Begegnung und es wird geschehen.

Gestalten Sie auch den Platz, an dem Sie täglich viele Stunden arbeiten, persönlich. Verwischen Sie die Grenze zwischen Arbeit und Privatem. Schaffen Sie um sich eine lebensfrohe Atmosphäre und bringen Sie auch in Ihren Berufsalltag Originalität und Stil. Machen Sie Freundlichkeit und Aufgeschlossenheit zu Ihrer inneren Haltung. Erwarten Sie nicht, dass die anderen das auch sind, sondern seien Sie freundlich, weil Sie sich dann in sich wohler fühlen. Zelebrieren Sie Ihren kultivierten Lebensstil. Sie haben gerade herausgefunden, was es heißt, ein Lebenskünstler zu sein – nämlich jemand, der fortgeschritten ist in der Kunst zu leben, denn Leben ist wirklich eine Kunst. Fangen Sie an zu leben!

Es gibt Zeiten des Lebens und des Überlebens, der Behaglichkeit und der Belastung.

Was löst bei Ihnen Zeiten der Behaglichkeit aus? Natur, wandern, Sonnenuntergang, Musik hören oder machen, im Bett liegen, Sexualität, fliegen, Fußball, Auto fahren, reiten, Golf, angeln, Tennis, segeln, tanzen, Ski laufen, joggen, meditieren, mit Tieren oder Kindern spielen, fernsehen, Computer, mit Freunden zusammen sein, spielen, lachen, frühstücken im Bett, Weihnachten feiern, malen, träumen, reisen, Stille, singen.

Was löst die Freude und die Leichtigkeit des Seins bei Ihnen aus? In diesen Augenblicken sind Sie ganz Sie selbst und das ist die Grundlage für seelische und körperliche Gesundheit. Sie sind Ihr

Richter, Wärter und Gefangener, nur Sie können sich jederzeit begnadigen. Du bist dir selbst anvertraut! Sorge dafür, dass du deine Wahl nicht bereust!

Beruf zur Freude

Können Sie von sich sagen, dass Sie so richtig in Ihren Beruf verliebt sind? Sind Sie überrascht, dass es leider schon Abend ist und Sie halt jetzt eine Tätigkeit unterbrechen müssen, die Sie fasziniert und gefesselt hat? Erwarten Sie schon ganz ungeduldig den nächsten Tag, wenn Sie wieder weiterarbeiten dürfen? Oder gehören Sie eher zu denen, die Ihr Leben nur auf Feierabend und Wochenenden ausgerichtet haben? Die den ganzen Tag ungeduldig auf die Uhr schielen, deren Zeiger sich heute besonders langsam dahinschleppen? Wenn Sie sich jeden Morgen widerwillig zur Arbeit zwingen müssen, wird der ganze Tag zu einer Qual und Sie sind anfällig für Frust und Demütigungen. Die Freizeit wird niemals ausreichen, um diesen Energieverlust zu kompensieren. Aus einer solchen Lebenssituation entwickeln sich Depressionen und Krankheiten. Erreicht man endlich sein Pensionsalter (wenn überhaupt), ist man zur Ruine verkommen und hat keine Möglichkeit, einen schönen Lebensabend zu genießen.

Befinden Sie sich in einer solchen beruflichen Situation, dann ist es höchste Zeit, über die Bücher zu gehen. Imaginieren Sie einmal, welche Berufe Ihnen Erfüllung bringen würden. Dann erkundigen Sie sich nach den Ausbildungsmöglichkeiten. Sie werden staunen über die Vielfalt, die Ihnen noch in jedem Alter offen steht. Da wir sowieso mehrmals im Leben den Beruf wechseln müssen, sind die Lehrangebote für Erwachsene recht zahlreich. Mit etwas Inspiration und Zuversicht wird sich in jedem Falle das Richtige für Sie finden lassen.

Auch hier belegt die Statistik, dass erfolgreiche Berufsleute (nicht zu verwechseln mit dauergestressten Managern) nach Ihrer Pensionierung ein schönes und abwechslungreiches Leben entfalten. Zu der guten Gesundheit kommt auch noch eine finanzielle Sicherheit, für die sie während des Berufslebens bestens vorgesorgt haben. Endlich ist die große Freiheit da, von der man ein Leben lang geträumt hat. Viele Menschen haben diesen Traum, aber nur für wenige geht er in Erfüllung, nämlich nur für diejenigen, welche die Voraussetzung für die Erfüllung geschaffen haben.

Das Hunza-Geheimnis – Ruhen im Tun

Die Hunzas leben in ständiger Harmonie und bleiben auch bei der Arbeit vollkommen entspannt. Je größer die Belastung, desto größer ist ihre Entspannung. Das Ergebnis ist ein ständiges Gleichgewicht der Kräfte und damit Harmonie. Es ist ein Leben in ständiger Meditation.

Diese Belastungs-Entspannungs-Harmonie bewirkt, dass alles Tun in einem Bewusstsein der Ruhe und Stille geschieht. Je mehr ich tue, desto größer die Ruhe, könnte der Leitspruch sein. Natürlich ist in einem solchen Bewusstsein Stress völlig unmöglich. Da so das Bewusstsein immer in Harmonie, also heil ist, überträgt es seine Harmonie, sein Heilsein ständig auf den Körper.

Man kann sagen, es geschieht ständig Heilung im Körper. Eine Krankheit kann so gar nicht aufkommen, braucht also auch nicht geheilt zu werden, weil ja Heilung ständig geschieht.

Das lässt sich ohne weiteres auf unsere westliche Lebensweise übertragen. Dazu sind drei Schritte erforderlich:

1. Lernen, Heilung geschehen zu lassen.
2. Ruhen im Tun. Jede Tätigkeit vertieft meine innere Ruhe. Je mehr ich tue, desto ruhiger werde ich.
3. Ständig in dieser Harmonie bleiben, sich ausruhen im Tun und ständig so Heilung geschehen lassen.

Mit Humor geht alles besser

Witz, Komik, Ironie und Satire sind die Geschwister des Humors. Humor ist der freundlichste, bescheidenste und wohl auch leiseste von allen. Und er ist immer gutartig, sodass er mehr Freunde schafft als ein scharfer Witz. Humor ist eine menschliche Grundhaltung, die auch das Schwierige mit heiterer Gelassenheit und souveränem Darüberstehen betrachtet. Wenn man Glück hat, ist er im Rucksack des eigenen genetischen Erbes enthalten. Wenn nicht, kann man ihn jederzeit erwerben. Die Voraussetzung ist Liebe, auch für sich selbst. Humor ist eine besondere Art, die Wahrheit zu sehen und eine spielerische Art, mit den Dingen umzugehen, ganz gleich, wie ernst und bedeutend Sie sich geben.

Humor ist ein Schritt auf dem Weg zu sich selbst. Es ist die Erkenntnis, dass das Leben in Wirklichkeit ein Spiel ist, das mir zur Freude gespielt wird, und wenn ich mich nicht freue, dann mache ich gerade etwas falsch. Vielleicht habe ich nur meinen Humor verloren.

Wissen Sie, bei welchen Losen es die meisten Nieten gibt? Bei den Humor-Losen!

Humor ist eine köstliche, meist unerwartete Art, dem anderen die Wahrheit zu sagen. Humor ist wie ein Spiegel, der zeigt, was wesentlich und was unwesentlich ist. Eine Folge des Humors ist das Lachen. Lachen ist loslassen von Unwesentlichem, dem Ego, der Schwierigkeit, dem Ballast und Hinwendung zum Wesentlichen, der Leichtigkeit des Seins. Humor ist sanft und aufbauend, aber ein kraftvoller Weg zu innerer Freiheit und zum Heilsein, weil er uns wieder in die Unmittelbarkeit und Ganzheit des Lebens führt. Er macht unsere Illusionen sichtbar und führt uns hindurch in die Wirklichkeit. Er ist eigentlich unverzichtbar und kann gar nicht überdosiert werden. Auch ein Erfolgsschritt ist die Erkenntnis, dass das Leben ein Spiel ist. Ein Spiel, das Ihnen zur Freude geschaffen wurde und in dem Sie nur gewinnen können. In dem Sie Ihr Schicksal frei bestimmen können und die Umstände, in denen Sie leben wollen. Ein Spiel, in dem Ihr Glück nicht abhängig ist von den Umständen, sondern von Ihrer Fähigkeit, das Spiel zu genießen.

Ärger macht alles nur noch ärger. Die Situation, über die ich mich geärgert habe, ist danach unverändert – ich könnte mich gerade wieder ärgern. Aber irgendwann habe ich die Aufgabe gelöst, ärgere mich nicht mehr, sondern nutze meine Kraft und Zeit zur Lösung der Aufgabe und bin frei für die nächste Aufgabe des Lebens. Wenn Sie das Leben als Spiel entdeckt haben, werden Sie sich auch nicht mehr über Schwierigkeiten beschweren, denn das macht ja gerade den Reiz des Spiels aus. Würden Sie immer nur gewinnen, ohne auch einmal so richtig gefordert zu werden, wäre das Spiel bald langweilig.

Das Interessante an den Schwierigkeiten ist, dass Sie in der Lage sind, jede zu meistern, ganz gleich, wie schwierig sie derzeit erscheinen mag.

Also versuchen Sie nicht mehr, so schnell wie möglich das Ziel zu erreichen, sondern genießen Sie den Weg. Freude an der Harmonie des eigenen Handelns finden. Mich so verhalten, dass ich Achtung vor mir selbst haben kann.

Was müßte geschehen, dass ich sagen könnte: Das Schönste in meinem Leben ist zu leben?

Ein wichtiger Schritt zum Erfolg heißt: Leben im TAO. Seine Mitte finden und aus dieser Mitte heraus leben. Zu wissen, dass der Weg das Ziel ist und solange ich auf dem Weg bin, bin ich am Ziel und das Leben ist mein individueller Einweihungsweg. Das bedeutet auch, den Weg zu genießen und in der Leichtigkeit des Seins zu leben. Sie können entscheiden, ob es ein schwerer Weg sein wird, aber ob Sie voller Freude die Hauptrolle spielen und den Weg genießen – Sie haben die Wahl.

WU-WEI ist ein Zustand bewusster und hellwacher Gelassenheit, in dem man die Dinge gewissermaßen geschehen lässt. Dieser Zustand hat also nichts mit Passivität zu tun, sondern man handelt so, dass die Dinge entsprechend ihrer inneren Wirklichkeit geschehen. Praktiziertes WU-WEI verleiht jedem echte, nicht von außen verliehene Macht und Autorität, frei von Eitelkeit und Gewinnsucht. Zum Leben im TAO gehört auch die Kultur des Genießens, eine Kunst, die es zu erlernen gilt.

Zum höchsten Erfolgserlebnis gelangen wir, wenn wir alle Zwischenschritte sinnvoll in das eigene Sein integrieren und zu einer harmonischen Einheit verschmelzen – zu Ihrem unverwechselbaren, einmaligen Leben. Ihre erfolgreiche Zukunft erwartet Sie nicht morgen, sondern JETZT! Geld, Besitz, Macht, Anerkennung sind ebenfalls unsere Lehrer auf dem Weg zu uns selbst. Wahrer Reichtum besteht in:

Erkenntnissen, in Weisheit und Liebe. Wirklicher Erfolg ist: Geist-reich-Sein. Ein Ritter des Geistes sein.

Wahres Glück ist, das Leben zu genießen, unabhängig von den Umständen! Besonders wichtig dabei ist, nicht nur seine Berufung zum Beruf zu machen, sondern seine Tätigkeit als Weg zur Selbstverwirklichung zu erkennen. So wandelt sich der Arbeitsplatz von der Einkommensquelle über den Ort der beruflichen Entwicklung zum Raum für persönliche Entfaltung, zum Ort der Entdeckung des Lebens und der eigenen Erfüllung. Dann brauchen Sie nie mehr zu arbeiten, Sie müssen nie mehr etwas Ungeliebtes tun und haben Urlaub für immer und gehen den Weg der Freude. Vertrauen Sie sich der Freude an und lassen Sie sich von ihr führen. So können Sie sich selbst nicht mehr verfehlen. Das heißt, in die Wirklichkeit des Lebens zurückzukehren, in der Wirklichkeit zu leben und aus der Wirklichkeit heraus zu handeln. Mit weniger sollten Sie nicht mehr zufrieden sein und mehr gibt es nicht.

Es war einmal ein mächtiger König, der beherrschte die ganze Welt. Eines Tages ließ er alle

Weisen der Welt zusammenkommen und gab ihnen den Auftrag, das gesamte Wissen des Universums niederzuschreiben und zwar so kurz wie möglich. Die Weisen machten sich an die Arbeit und nach vielen Jahren hatten sie es geschafft. Alles Wissen des gesamten Universums hatten sie in 100 Büchern niedergeschrieben. Doch der König war noch nicht zufrieden und beauftragte sie, alles Unwesentliche wegzulassen und das gesamte Wissen in einem einzigen Buch aufzuschreiben. Die Weisen hielten dies zwar für unmöglich, da sie aber wussten, dass der König sie nicht vorher in ihre Heimat zurücklassen würde, machten sie sich an die Arbeit.

Nach vielen, vielen Jahren mühevoller Arbeit hatten sie es doch geschafft und stolz gaben sie dem König das Buch, in dem nun das gesamte Wissen des Universums niedergeschrieben war. Der König dankte ihnen und sagte, dass er nun noch eine letzte Aufgabe für sie habe. Sie sollten alles Wissen in einem einzigen Satz formulieren. Sie berieten viele Jahre und dann hatten sie es geschafft:

Auch Du bist ein Schöpfer –
Alles ist möglich!

Noch immer geschieht ständig Schöpfung, in Übereinstimmung mit dem geistigen Grundgesetz, dem Gesetz der Harmonie, und wir alle sind aufgerufen, diese Schöpfung mitzugestalten, indem wir das Erbe der Großen dieser Welt und unser eigenes göttliches Erbe antreten und erkennen, dass wir selbst unsere Hauptaufgabe sind.

Sie selbst erschaffen Ihre Wirklichkeit

Wir wissen, dass Ihnen der Erfolg sicher ist, wenn Sie bereit sind, ein klein wenig dafür zu tun!

Der kürzeste Weg zum Erfolg ist, sich die Erfahrungen und Erkenntnisse erfolgreicher und weiser Menschen anzueignen und sie in das eigene Leben individuell und maßgerecht einzubauen. Wenn wir dann noch die Zeit nutzen, dann sind wir schon auf der Straße des Erfolgs. Denn wie heißt es schon in der Bibel: Noah baute seine Arche bei schönem Wetter! Wir alle haben unser Schicksal, tragen es mehr oder weniger geduldig, aber kaum jemand fragt sich einmal, warum er unter diesen Umständen lebt, was sie verursacht und ob und wie man sie eventuell ändern könnte. Wir aber glauben meist, dass ein Ereignis eher zufällig an uns herantritt und gestatten uns daher erst dann die Möglichkeit des Eingreifens. Die Ereignisse werden so von uns selbst getrennt, obwohl sie doch nicht von unserem Leben zu trennen sind. Ein Unglück oder Ereignis geschieht zunächst einmal völlig unpersönlich. Ob ich davon jedoch erreicht oder betroffen werde, das entscheide ich selbst durch mein Sosein. Wenn ich erst ändernd eingreife, wenn es schon geschehen ist, dann ist es eigentlich zu spät und doch tun die meisten Menschen genau das. Ereignisse sind keine Schicksalsfügungen, die einfach passieren und die wir nun mal hinnehmen müssen, sondern es sind manifestierte Bewusstseinsinhalte. Es kann sein, dass Sie sich auch einmal anstrengen müssen, aber der Weg zu Erfolg und Reichtum ist nie ein Weg harter Arbeit. Das heißt, letztlich in weniger Zeit mehr und Besseres leisten. Mithilfe der Intuition die richtigen Entscheidungen treffen und diese mit zielgerechtem Handeln ohne Umwege verwirklichen.

Eines Tages wachen Sie auf und Ihr Traum ist in Erfüllung gegangen, ohne Ihr bewusstes Eingreifen. Es ist einfach das eingetreten, was Sie durch Ihre Gedanken verursacht haben. Denn alles, was Sie denken und glauben können, das können Sie auch erreichen. Jeder Gedanke ist wie ein zuverlässiger Diener. Er ruht nicht eher, bis er seinen Auftrag, das, was er beinhaltet, erfolgreich ausgeführt hat. Prüfen Sie also vorher gründlich, ob Sie das, was Sie da verursachen, auch wirklich haben wollen.

Schritte zum Erfolg

1. Schritt

Ich mache mir bewusst, was Erfolg für mich bedeutet. Ist das Geld, Besitz, Macht, Anerkennung, Gesundheit, Selbstverwirklichung, Glück? Will ich wirklich den Erfolg, den ich derzeit anstrebe?

2. Schritt

Der Erfolg gehorcht dem Gesetz von Ursache und Wirkung, also muss ich mich für den Erfolg resonanzfähig machen.

3. Schritt

Sei du selbst. Also tue ich nicht mehr, was andere sagen, sondern folge nur noch meinem wahren Selbst, denn ich trage die Folgen. Wie viel Geld, Zeit, Aufmerksamkeit investiere ich, um ich selbst zu sein, und wie viel für Dinge, die ich ohnehin hier zurücklasse?

4. Schritt

Mein Selbstbild bestimmt mein Leben. Welches innere Bild habe ich von Erfolg, Reichtum, Besitz, Gesundheit, Partnerschaft, Glück, dem Sinn meines Lebens, meiner Aufgabe, meinem Selbstwert? Durch wen ist mein Selbstbild entstanden? Durch mich oder durch andere? Ich sorge dafür, dass mein Selbstbild wirklich meinem wahren Selbst entspricht.

5. Schritt

Ich suche und finde die Möglichkeiten und Chancen, die das Leben mir ständig bietet und erkenne, dass jede Schwierigkeit nur eine verkleidete Möglichkeit ist. Ich richte meine Bewusstsein auf den Augenblick und frage mich, welche Möglichkeit bietet mir das, was gerade geschieht? Wie kann ich es optimal nutzen?

6. Schritt

Ich mache mir meine Vision, meinen Wunschtraum vom Leben bewusst. Prüfe, welche Hindernisse oder Blockaden vorhanden sind, beseitige sie und verwirkliche meinen Traum, lebe meine Vision. Nur wer ein klares Ziel hat, kann ankommen.

7. Schritt

Ich entwickle eine ganz neue Einstellung zu Problemen und Schwierigkeiten, denn jedes Problem ist immer eine Aufgabe des Lebens an mich und enthält stets ein Geschenk, eine Erkenntnis. Die beste Zeit eine Aufgabe zu lösen ist JETZT. Mit großen Problemen sollte man sich beschäftigen, bevor sie entstehen.

8. Schritt

Situationen mental vorauserleben und im voraus mental in die erwünschte Form bringen. Das Bewusstsein unterscheidet nicht zwischen einem wirklichen Erlebnis und einer lebhaften Vorstellung.

9. Schritt

Getroffene Entscheidungen nur überdenken, wenn veränderte Umstände vorliegen. Sonst kostet es nur Zeit und Kraft.

10. Schritt

Bei allem was ich tue, beachte ich die Zeitqualität und folge meiner individuellen Leistungskurve, lege hohe Aufgaben in meine Hochzeiten.

11. Schritt

Denken ist das Bewegen geistiger Energie. Beharrlich bewegte Energie muss sich materiell verwirklichen, aber nicht das Beginnen wird belohnt, sondern nur das Durchhalten. Wenn ich eine Sache beenden will, brauche ich sie nur zu beginnen und beharrlich zu verfolgen.

12. Schritt

Ich verschaffe mir eine Erfolgsaura und lade sie täglich auf. In besonderen Fällen verbinde ich die Erfolgsaura mit der Vorausimagination.

13. Schritt

Nur mit Gedankendisziplin kann ich meine Erkenntnisse auch in die Tat umsetzen, die richtigen Ursachen setzen, um so nur noch erwünschte Wirkungen hervorzubringen. Nur durch Gedankendisziplin bestimme ich mein Schicksal selbst.

14. Schritt

Ich erkenne, solange ich noch arbeite, um Geld zu verdienen, wird sich mein Erfolg in engen Grenzen halten. Mein Beruf ist daher etwas, wofür ich lebe und der ideale Weg zur Selbstverwirklichung.

15. Schritt

Ich weiß, nur wer überzeugt ist, überzeugt auch andere, nur wer begeistert ist, kann andere begeistern, und wer nicht an sich selbst glaubt, kann nicht erwarten, dass andere an ihn glauben.

16. Schritt

Die Ursache für alles, was ist, ist immer geistiger Natur, deshalb muss ich zuerst geistigen Wohlstand erwerben, ehe der Wohlstand außen in Erscheinung treten kann. Trachtet zuerst nach den Schätzen des Himmels, dann wird euch alles andere von selbst zufallen.

17. Schritt

Das Geheimnis des Reichtums auf allen Ebenen des Seins lautet: Deine inneren Bilder bestimmen dein Leben, du aber bestimmst deine inneren Bilder und damit deine Wirklichkeit. Das Leben ist wie Wasser, es füllt die Form aus, die wir ihm geben.

18. Schritt

Ich erkenne immer mehr, wer ich wirklich bin, und lebe mehr und mehr als ich selbst. Ich erkenne und erfülle den Sinn meines Lebens und meine wahre Berufung.

19. Schritt

Ich weiß, der wichtigste Augenblick in meinem Leben ist JETZT. Jetzt kann ich alles ändern, nicht nachher und nicht vorher.

20. Schritt

Ich erkenne das Leben als Spiel, das mir zur Freude gespielt wird, und weiß, dass ich in diesem Spiel nur gewinnen kann. Ich besitze nichts und kann so auch nichts verlieren.

Erfolgreich sein ist lernbar

Wer morgen nicht von gestern sein will, der muss heute, das heißt jetzt, etwas tun. Aber wenn Sie sich wirklich entschieden haben, kann Sie nichts mehr aufhalten. Entscheiden Sie sich jetzt unwiderruflich für Ihren Erfolg.

Erfolgreich sein kann man lernen, so wie man eine Fremdsprache erlernen kann. Erfolg ist ein Produkt, das man wie jedes andere Produkt herstellen kann.

Sie können so viel Erfolg verursachen, wie Sie denken und glauben können und Sie können in jedem Augenblick damit beginnen.

Sie können in jedem einzelnen Fall erfolgreich sein. Erfolg gehorcht ganz einfachen Gesetzen. Sobald Sie diese kennen und befolgen, ist der Erfolg unvermeidbar.

Jeder hat in jedem Fall immer 100 Prozent Erfolg, Absicht und Ergebnis sollten übereinstimmen.

Harte Arbeit ist keine Ursache für Erfolg. Sie sollten nie mehr arbeiten und Urlaub für immer machen, natürlich bezahlten Urlaub. Lassen Sie sich dafür fürstlich bezahlen, dass Sie das tun, was Ihnen ohnehin am meisten Freude macht. Lassen Sie sich von der Freude führen. Das Leben ist ein Spiel, in dem Sie nur gewinnen können. Erfolg ist abhängig vom Grad Ihres Bewusstseins, der Beherrschung Ihres Denkinstruments, Ihrer inneren Dimension und dem Grad Ihres Glaubens.

Beenden Sie alles, was Sie beginnen, erfolgreich. Misserfolge sind immer nur Zwischenergebnisse auf dem Weg zum endgültigen Erfolg. Jeder bekommt immer nur das, was er verursacht, nicht mehr, nicht weniger und nichts anderes. Erfolg ist weder ein Geschenk noch Zufall. Ereignisse sind manifestierte Bewusstseinsinhalte. Wir sind nicht Opfer, sondern Schöpfer der Umstände.

Zielklarheit – Was wollen Sie wirklich? Bestimmen Sie genau, was Sie wollen. Träumen Sie Ihren Traum und verwirklichen Sie ihn dann. Bestimmen Sie auch, was für Sie Erfolg ist. Erkennen Sie die Hindernisse auf dem Weg zum Erfolg und die Konsequenzen. Wenn Sie etwas ändern wollen, müssen Sie etwas ändern. Sie sollten schon wirklich wollen – „Ich möchte“ genügt nicht.

Wie man Erfolg erzeugt

- Indem man sich ständig damit beschäftigt. Henry Ford hat einmal gesagt: Eine Sache entwickelt sich wie von selbst, wenn man ständig daran denkt.
- Indem ich mir ständig über meine Ziele klar bin und wann ich sie erreicht haben will und vom Ziel aus handle und denke.
- Indem ich mein Armuts- und Mangelbewusstsein auflöse und mir ein Wohlstandsbewusstsein schaffe. Indem ich Erfolgshindernisse in mir erkenne und auflöse und meine inneren Bilder optimiere. Mein Selbstbild.
- Indem ich zuhören und subcutan sprechen lerne.
- Indem ich an mich und meinen Erfolg glaube.
- Indem ich den Grad meiner Entschlossenheit prüfe und optimiere, mit dem ich mein Ziel erreichen will.
- Indem ich die Chancen erkenne und nutze, die das Leben mir ständig bietet.
- Indem ich lerne, die richtigen Entscheidungen zu treffen und sie zur rechten Zeit verwirkliche.
- Indem ich die Risiken erkenne und vermeide oder ein kalkuliertes Risiko eingehe.
- Indem ich als der lebe, der ich wirklich bin – ICH SELBST. Indem ich handle aus dem Sein, denn wer seine Mitte gefunden hat, steht auto-

matisch im Mittelpunkt. Indem ich mir eine Erfolgsaura schaffe und Charisma, Ausstrahlung. Indem ich hervortrete und im TAO lebe.

Der Lebensweg-Test

Dieser Test zeigt die allgemeine Einstellung zum Leben. Die Antwort auf die erste Frage zeigt, ob wir das Abenteuer Leben überhaupt annehmen oder nur mit Vorbehalt, und wenn ja, mit welchem Vorbehalt. Wir erkennen daraus, ob wir zum Leben überhaupt ja sagen, oder ob wir uns vielleicht mit bisher nicht erkannten Vorbehalten selbst behindern.

Die Antwort auf die zweite Frage zeigt, was uns im Leben wichtig ist. Nehmen wir Dinge mit zum Schutz, zur Bequemlichkeit, zur Unterhaltung oder zum Lebensunterhalt und in welcher Reihenfolge. Dabei ist es nicht nur wichtig, was wir mitnehmen, sondern noch mehr, warum wir gerade dies mitnehmen. Es sollte uns auch nachdenklich machen, an was wir gar nicht gedacht haben, ob wir nicht Wichtiges vergessen und Unnötiges mitschleppen.

Aus der Antwort auf die dritte Frage sehen wir unsere Einstellung zum Glück. Der Schlüssel ist das Symbol für das Glück. Ergreifen wir das Glück dort, wo wir es finden, oder lassen wir es liegen? Warum lassen wir es liegen oder warum nehmen wir es mit? Wie sieht das Glück für uns aus? Ist es ein Schlüssel zu einer Schatztruhe oder zu einem alten Haus, in dem wir Bücher mit vergessenen Weisheiten finden, oder lassen wir den Schlüssel liegen, weil er einem anderen gehört und er ihn sonst nicht wieder finden könnte? Verzichten wir also für einen anderen auf das Glück?

Die Antwort auf die vierte Frage zeigt uns, wie das Leben für uns aussieht, denn der Fluss ist das Symbol für den Strom des Lebens. Ist er klar oder verschmutzt, gefährlich, harmlos, gibt es Pflanzen und Tiere darin oder ist er leblos usw.? Noch wichtiger wird die Aussage, ob wir den Fluss überqueren, ob wir uns dem Strom des Lebens anvertrauen, sogar trotz der erkannten Gefahren.

Die Anwort auf die fünfte Frage zeigt unsere Einstellung zum Tode, denn die Mauer auf der anderen Seite ist das Symbol für den Tod. Wie sieht für uns der Tod aus? Ist es eine hohe Mauer, die man nicht übersteigen kann, oder hat sie eine Tür oder ein Tor darin? Passt hier sogar mein Schlüssel, damit ich, dort angekommen, aufschließen kann und dahinter sogar zu Hause bin? Wie verhalte ich mich, wenn ich an der Mauer angekommen bin? Ratlos oder zielstrebig? Finde ich einen leichten Weg oder wird es schwierig, auf die andere Seite zu kommen, und was erwartet mich dort? Sie sehen, auf die wenigen Fragen sind erstaunliche Antworten möglich, die unsere Einstellung zum Leben und zum Tod erkennen lassen.

1. Frage

Sie bekommen eine Reise in den Urlaub geschenkt, eine Abenteuerreise.

a) Nehmen Sie die Reise an?
b) Nehmen Sie die Reise unter Vorbehalt an?
c) Mit welchem Vorbehalt nehmen Sie die Reise an?
d) Wie begründen Sie Ihren Vorbehalt?

2. Frage

Sie dürfen drei Dinge mitnehmen. Was nehmen Sie mit?

a) ______________________________
b) ______________________________
c) ______________________________

Warum nehmen Sie gerade diese Dinge mit?

3. Frage

Sie finden im Urwald einen Schlüssel.

a) Nehmen Sie ihn mit?
b) Wenn Sie ihn liegen lassen, warum?
c) Wie sieht er aus?
d) Wozu gehört er wohl?

4. Frage

Sie kommen an einen Fluss.

a) Wie sieht er aus? (Sauber, schmutzig, ruhig, reißend etc.)
b) Gibt es gefährliche Tiere darin?
c) Überqueren Sie ihn?

5. Frage

Nehmen wir an, irgendwann überqueren Sie den Fluss. Sie gelangen drüben an eine Mauer.
a) Wie sieht die Mauer aus?
b) Gehen Sie hinüber?
c) Wenn ja wie?
d) Was liegt dahinter?
e) Wie fühlen Sie sich dort?
f) Was ist dort zu tun?

Wie sehr die verschiedenen Aspekte meines Selbstbildes mein Leben bestimmen, kann ich auch daran erkennen, dass ich immer besonders auf den Aspekt achte, der bei mir nicht in Harmonie ist.

Habe ich z.B. ein negatives Bild meines Körpers, weil ich vielleicht mit meiner Figur nicht zufrieden bin, dann werde ich zuerst immer auf die Figur des anderen achten, sie mit meiner Figur und meinem Idealbild vergleichen.

Ganz anders wird ein Mann, der sein Selbstbild aus seinem Erfolg bezieht, aber nicht erfolgreich ist, sich hauptsächlich für den Erfolg bei den anderen interessieren.

Ebenso eine Frau, die ihr Selbstbild aus dem Status ihres Mannes bezieht. Sie wird sich immer wieder zuerst dafür interessieren, was der Mann der anderen ist.

Beziehe ich mein Selbstbild aus einer Krankheit, dann werde ich mit allen und jedem immer wieder über meine Krankheit sprechen.

Der negative Teil meines Selbstbildes drängt sich also bei jeder nur möglichen Gelegenheit in mein Bewusstsein und dadurch werde ich vom Leben auch im Außen immer wieder mit diesen Dingen konfrontiert, weil dieser Mangel in mir eine Aufgabe ist, die es zu lösen gilt.

Erst wenn diese Aufgabe gelöst ist, ist mein Bewusstsein frei von diesen Bildern und Zwängen, kann mein eigentliches Leben geschehen. Erst dann bin ich frei für mich selbst. Solange das aber nicht der Fall ist, zwinge ich das Leben, mich ständig mit diesen Dingen im Außen zu konfrontieren, mit denen ich innerlich nicht einverstanden bin.

Also frage ich mich doch einmal: Worauf richte ich denn hauptsächlich mein Bewusstsein? Was interessiert mich am anderen oder im Leben besonders? Das zeigt mir deutlich die Aufgabe, die mir das Leben stellt.

Oft überschattet ein starker Mangel mein ganzes positives Selbstbild, nur weil er sich ständig ins Bewusstsein drängt.

Ein anderer Weg, zu erkennen, worauf ich ständig mein Bewusstsein richte, ist die Beschreibung meiner Lebensabschnitte.

Ein Mann könnte die wichtigsten Abschnitte seines Lebens etwa so beschreiben: An dem Ort ging ich zur Schule, dann kam ich in die Lehre. Nach der Lehre trat ich dort eine neue Lehre an. Dann wurde ich befördert und in diesem Jahr machte ich mich dann endlich selbstständig.

Bei einer Frau könnte das so aussehen: In dem Jahr traf ich meine erste Liebe. In dem Jahr habe ich mich von meinem Freund getrennt. Dann lernte ich meinen heutigen Mann kennen. In dem Jahr haben wir geheiratet. In dem Jahr kam unser erstes Kind. In dem Jahr sind wir in unser neues Haus gezogen. In dem Jahr war mein Kind so schwer krank und da zogen wir in unser eigenes Haus. Selbst wenn die beiden verheiratet sind, leben sie ein ganz anderes Leben. Sie haben verschiedene innere Bilder.

Das Selbstbild heißt so, weil es ein Bild meines Selbst sein sollte. Selbst wenn ich einen optimalen Körper habe und mein Selbstbild daraus beziehe, ist dies eine Aufgabe, weil der Körper verfällt und damit mein Selbstbild.

Die eigentliche Aufgabe ist daher, zu erkennen, wer ich wirklich bin. Nicht eine Vorstellung von mir zu kreieren oder zu versuchen, ein Ideal zu verwirklichen.

Ich bin also meine Hauptaufgabe und ich sollte die Hauptrolle in meinem Leben spielen. Aber ich kann mein Leben nur wirklich ändern, wenn ich die inneren Bilder ändere, bis ich endlich ganz frei von Bildern, wirklich ich selbst bin!

Beschreiben Sie einmal Ihr Leben. Damit beschreiben Sie Ihre inneren Bilder, die Ihr Leben prägen. Ihr Selbstbild.

Fragen zur Selbsterkenntnis

Beantworten Sie die Fragen so ehrlich wie möglich. Geben Sie sich zunächst innerlich eine spontane Antwort. Dann aber sollte die Antwort mehrmals in sorgfältiger Besinnung überdacht werden, ehe Sie schließlich möglichst prägnant und kurz auf einem besonderen Blatt unter der betreffenden Nummer schriftlich formuliert wird.

1. Was sind meine größten Stärken?
2. Was war bisher meine edelste Tat?
3. Welche Segnungen sind daraus geflossen?
4. Was sind meine größten Schwächen?
5. Was war mein schlimmster Fehler?
6. Was habe ich getan, tue ich, um ihn zu korrigieren?
7. Akzeptiere ich mich selbst?
8. Was ist meine höchste Hoffnung für mich selbst, und was ist mein Lebensziel, meine Lebensaufgabe?

9. Kann ich meine Mitmenschen lieben oder wenigstens achten? Wenn nein, warum nicht?
10. Fällt es mir leicht, anderen zu vergeben oder kann ich nicht vergessen?
11. Habe ich mit den Personen und Ereignissen meines bisherigen Lebens Frieden geschlossen?
12. Bin ich mir gegenüber wirklich ehrlich?
13. Bin ich tatsächlich so, wie ich anderen erscheine?
14. Bin ich anderen gegenüber verantwortlich und zuverlässig?
15. Verhalte ich mich in allen Lebenssituationen realistisch oder neige ich zu Illusionen?
16. Fürchte ich die Welt, habe ich Lebensangst?
17. Fürchte ich irgendwelche Menschen, Tiere, Dinge oder was sonst?
18. Fürchte ich Erfolg, Geld und Macht oder wünsche ich mir möglichst viel davon?
19. Was fürchte ich überhaupt am meisten?
20. Fürchte ich mich vor dem Sterben?
21. Was bedeutet mir der Tod des physischen Körpers?

22. Wenn ich heute sterben müsste, würde mir das schwer fallen oder leicht?

23. An welche Art von Weiterleben glaube ich?

24. Welches Ereignis hat bisher mein Leben am meisten bestimmt oder vielleicht sogar verändert?

25. Welcher Mensch hatte bisher den größten Einfluss auf meine Entwicklung?

26. Wem oder welchen Umständen verdanke ich meinen bisherigen Erfolg?

27. Wenn ich bisher meine Ziele nicht erreicht habe, was sind die eigentlichen Gründe dafür?

28. Kann ich Geld und Zeit richtig einteilen?

29. Habe ich schon alle meine Anlagen und Fähigkeiten entwickelt oder bereits damit begonnen?

30. Wenn ich erkannt habe, dass bezüglich meiner Anlagen und Fähigkeiten noch etwas getan werden muss, warum nehme ich dies nicht unverzüglich in Angriff?

31. Bin ich sehr fortschrittlich oder konservativ?

32. Bin ich mehr Praktiker oder Theoretiker?

33. Bin ich am liebsten allein oder brauche ich Gesellschaft?

34. Was ist mein vorherrschendes Talent?

35. Erfreue ich mich bester Gesundheit? Wenn nicht, warum nicht?

36. Wie ernähre ich mich?

37. Brauche ich noch irgendwelche Genussgifte?

38. Was bedeutet für mich überhaupt Lebensgenuss?

39. Habe ich sexuelle Probleme? Wenn ja, warum?

40. Habe ich schon das richtige Verhältnis von Ruhe und Bewegung, Anstrengung und Erholung in meinem Leben herstellen können?

41. Welche Sportarten betreibe ich? Welche künstlerischen Talente habe ich entwickelt?

42. Habe ich noch irgendwelche Vorurteile? Wenn ja, warum ?

43. Sind meine mitmenschlichen Beziehungen alle befriedigend und erfreulich?

44. Wenn es noch Ausnahmen gibt, welche und warum?

45. Was halte ich von Politik?

46. Was ist im Moment mein größter Wunsch bzw. mein dringlichstes Bedürfnis?

47. Welchen Lebensbereichen gilt meine größte Aufmerksamkeit?

48. Wie stelle ich mir meinen Lebensabend vor?

49. Für welche sozialen, kulturellen und religiösen Zwecke spende ich Geld oder meine Arbeitskraft?

50. Meditiere ich bereits und welche sind meine Meditationserfahrungen?

Test: Ich zeichne mein Problem

Es ist erstaunlich, dass die meisten Menschen auf Anhieb in der Lage sind, ihr Problem zu zeichnen und daraus erkennen können, worin das Problem eigentlich im Wesentlichen besteht. Noch erstaunlicher finde ich es, dass fast jeder auch die Lösung seines Problems zeichnen kann und daraus erkennt, was zu tun ist. Eine typische Zeichnung enthält meistens einen Weg, der durch ein Hindernis, im ersten Beispiel durch eine Mauer, versperrt ist. Hier, so stellt sich heraus, bestand das Hindernis in der Schwiegermutter, die versuchte, auf alles Einfluss zu nehmen und eigentlich bestimmte, wie die Kinder zu erziehen sind, wie das Geld auszugeben ist, ja sogar, wohin die ganze Familie in den Urlaub fährt, denn Hitze konnte sie nicht mehr vertragen. Der Familienvater war schon bei einem Psychologen gewesen, der ihm geraten hatte, zu versuchen, an seiner Schwiegermutter einmal die guten Seiten zu entdecken, oder, wenn er keine finden sollte, doch glücklich zu sein, dass er nur eine hat, doch das hatte ihn nicht weitergebracht. Erst als er sein Problem einmal zeichnete und danach auch die Lösung des Problems, erkannte er, was zu tun ist. Nämlich sich Schritt um Schritt aus der Umklammerung zu befreien und so die engen Grenzen allmählich weiter zu machen, bis er wieder zur Sonne kommt, also alles wieder goldrichtig ist. So bestand er darauf, diesmal nach Spanien in Urlaub zu fahren, was sich die Familie schon immer gewünscht hatte, und die Schwiegermutter fuhr beleidigt zu ihrer Schwester in den Schwarzwald. Es wurde der schönste Urlaub, der ermutigte, in kleinen Schritten weiterzumachen, und heute besteht dieses Problem schon längst nicht mehr. Sogar die Schwiegermutter wurde nach einiger Zeit des Gekränktseins verständnisvoll und heute lebt man miteinander und nicht mehr gegeneinander. Der erste Schritt hierzu war die Zeichnung der Lösung des Problems.

Bei dem zweiten Beispiel war die Situation noch ernster, denn die junge Frau war akut selbstmordgefährdet. So steht ihr in der Zeichnung das Wasser auch nicht nur bis zum Hals, sondern bereits so hoch, dass sie nicht mehr atmen kann. Doch auch sie erkannte bei der Zeichnung der Lösung des Problems, dass sie Stufe für Stufe selbst aus der Tiefe herausgehen müsse, obwohl sie anfangs glaubte, dass ihr hierzu die Kraft fehle (keine Haare). Doch inzwischen hat sie es geschafft und die schwarzen Wolken über ihrem Haupt sind verschwunden.

Die wichtigsten Erfolgskomponenten

Wissbegier und Achtsamkeit – Unternehmungslust und vielseitiges Interesse – Optimismus gegenüber der Zukunft, aber im konstruktiven Sinne unzufrieden – Unabhängigkeit, Flexibilität und die Bereitschaft, Verantwortung zu tragen.

Es macht Ihnen Freude, andere Menschen zu überzeugen, und bei gemeinsamen Unternehmungen übernehmen Sie gern die Führung.

Sie sind selten unsicher, wie Sie sich verhalten sollen, und rechnen bei dem, was Sie tun, mit Erfolg.

Sie sind anderen oft einen Schritt voraus, geben anderen oft Ratschläge und Empfehlungen und können sich auch gut durchsetzen. Sie bewahren in jeder Situation Gelassenheit und haben ein starkes Selbstbewusstsein. Das bedeutet vor allem, dass Sie sich Ihrer selbst bewusst sind, Sie haben Ihre Antwort gefunden auf die Frage: Wer bin ich wirklich?

Sie haben ein überlegenes Fachwissen und zeigen besondere Leistungen. Das heißt, Sie haben auch Fach-Können und eine klare Vorstellung davon, was Sie wirklich wollen.

Sie haben eine analytische und kreative Intelligenz und die Fähigkeit zur Organisation und Zeiteinteilung.

Sie gehen sorgfältig an eine Sache heran und beachten bei allem die Prioritäten.

Sie haben eine starke Motivation für Ihr Handeln, Begeisterung und Enthusiasmus.

Sie halten Gedankendisziplin, haben ein gutes Gedächtnis.

Sie halten sich auch körperlich fit und haben eine gute Atmung.

Sie haben die für Sie richtige Lebensphilosophie gefunden und leben danach.

Sie haben eine starke Ausstrahlung, eine echte Autorität und ein gutes Image, mit einem Wort, sie haben Charisma.

Aber auch eine gute Beobachtungsgabe und Geistesgegenwart.

Sie sehen gut aus, tragen die richtige Kleidung und haben eine wohlklingende Stimme.

Sie besitzen Kontaktfähigkeit, Einfühlungsvermögen und eine positive Einstellung zu anderen Menschen.

Dies zeigt sich in Güte, Geduld, Sympathie und Toleranz.

Sie sind pünktlich und zuverlässig und versprechen nur, was Sie auch halten können und wollen.

Sie können gut zuhören und auf andere eingehen und können sich gut ausdrücken.

Sie haben Kenntnis didaktischer Methoden und beherrschen viele Problemlösungstechniken und Strategien.

Sie kennen und beachten die geistigen Gesetze und erkennen die Wirklichkeit hinter dem Schein.

Sie haben die Fähigkeit, jeden als Freund genießen zu können, und nutzen jeden als Lehrer.

Sie sind eine Persönlichkeit, die Vertrauenswürdigkeit ausstrahlt. Sie haben und nutzen Intuition.

Sorgen Sie dafür, dass Sie durch Zielklarheit die Weichen richtig stellen. Prüfen Sie aber auch vorher, ob dieses Ziel Sie auch erfüllen würde, sonst stellen Sie manchmal erst am Ziel fest, dass es gar keins war. Aber Sie haben einen Teil Ihres Lebens dafür gegeben, um es zu erreichen.

Wenn man etwas erreichen will, muss man immer auch etwas dafür geben. Wenn Sie schon ein Stück Ihres Lebens geben, dann sorgen Sie dafür, dass es sich auch lohnt. Wenn Sie sich aber entschieden haben, ich meine, wenn Sie sich wirklich entschieden haben, dann geben Sie sich das förmliche Versprechen, dass Sie erst aufgeben, wenn das Ziel erreicht, die Aufgabe wirklich erfüllt ist. Begeistern Sie sich regelrecht für Ihr Ziel, dann wird das Ziel Sie begeistern. Wenn Sie voller Begeisterung zeitgerecht denken, fühlen und handeln, fällt Ihnen der Erfolg in den Schoß!

Vision ist nicht:	Wunsch, Absicht, Wille usw.
Vision ist:	Urbild, Sinn, Erfüllung.

Ein weiterer Schritt zum Erfolg heißt, Hemmungen und Blockaden zu erkennen und aufzulösen. Seine Vergangenheit loszulassen und sich von Ärger, Angst, Schuldgefühlen, Neid, Hass und Stress zu befreien, damit alle Energie frei wird für den Erfolg. Getroffene Entscheidungen nur überdenken bei neuen Umständen.

Nicht loslassen können und die Falle ist zu!

In Südindien benutzt man eine Falle zum Affen fangen, die auf dem einfachen Prinzip des Nicht-Loslassens basiert. Eine hohle Kokosnuss mit einem Loch wird an einen Baum gebunden und mit einem Leckerbissen gefüllt. Ein Affe greift in die Kokosnuss hinein, packt den Leckerbissen und kann die geballte Faust nicht mehr aus dem engen Loch herausziehen. Er tobt, schreit, beißt und versucht alles, was in seinen Kräften steht, um sich aus der Falle zu befreien, doch vergebens. Nur das Loslassen des Leckerbissens könnte ihn retten, doch je mehr er sich bemüht, desto fester ballt er die Faust. So wird ihm schließlich seine Gier und die Bindung an den Leckerbissen zum Verhängnis.

In ähnlicher Weise schlagen auch wir uns oft mit Hindernissen herum. Im Grunde funktionieren alle Fallen auf dem spirituellen Weg nach diesem simplen Prinzip.

Das innere Reden

Ob wir es wissen oder nicht, in jedem von uns gibt es eine Instanz, die zu allem etwas zu sagen hat. Dieses innere Reden beeindruckt das Unterbewusstsein ähnlich stark wie das innere Bild. Deshalb ist es sehr wichtig, dass wir das innere Reden in Einklang bringen mit unseren inneren Bildern und vor allem natürlich mit unserer Imagination. Denn wenn Wort und Bild gegeneinander stehen, heben sie sich gegenseitig auf und wir wundern uns, dass nichts geschieht. Zunächst müssen wir uns zur Gewohnheit machen, in dieses innere Reden einzugreifen und es entsprechend zu lenken. Ergreifen wir also dieses innere Wort und führen unsere mentalen Gespräche auf der Basis des erfüllten Wunsches. So wird das innere Wort mit der Vorstellung des erwünschten Endzustands in Einklang gebracht und die beiden Kräfte verstärken sich gegenseitig, anstatt sich zu behindern oder aufzuheben. Das wird viel zu wenig beachtet, vielleicht ist es auch zu wenig bekannt, obwohl doch jeder um diese inneren Gespräche wissen muss, da er es immer wieder einmal selbst erlebt. Ist das innere Wort so mit der Imagination des erwünschten Endzustandes in Einklang gebracht, kommt es darauf an, ein möglichst klares Bild zu schaffen. Ein Weg dazu ist die Leinwandtechnik.

Für das komplexeste Instrument, das wir kennen, das menschliche Gehirn, gibt es keine Bedienungsanleitung. Und so denken die meisten Menschen, dass man eben mit dem auskommen müsse, was man weiß, ganz gleich, wie zufriedenstellend das auch sein mag. Wir sind jedoch aufgerufen, unsere Fähigkeiten nicht nur zu nutzen, sondern auch weiterzuentwickeln. Ich möchte Ihnen zeigen, dass Sie alle über ein fantastisches Vermögen verfügen, das zum größten Teil gar nicht genutzt wird, ja, die meisten wissen nicht einmal, dass sie es haben. Ich meine die fast unbegrenzten Möglichkeiten des bewussten schöpferischen Denkens. Ich möchte Ihnen zeigen, wie Sie einen Teil dieses Vermögens nutzen können, um damit Ihr Schicksal und Ihre Zukunft selbst zu bestimmen. Nur so kann man wahren Wohlstand erreichen, und in diesem Wohlstand kann nur jemand leben, der wirklich vermögend ist. Vermögend ist nur der, der etwas vermag, und wer viel vermag, der ist wohlhabend. Darum ist es wichtig, sein inneres Potenzial zu entwickeln, um es im Außen als Wohlstand in Erscheinung treten zu lassen. Es ist wie in der Wüste, wo seit Millionen von Jahren ein Schatz verborgen war, das Erdöl, aber die Menschen an der Oberfläche waren arm. Erst als sie diesen Schatz entdeckt und gefördert hatten, indem sie in die Tiefe gingen, wurde der innere Reichtum auch im Außen sichtbar.

Unterschätzen Sie daher Ihre Fähigkeiten, Ihr inneres Vermögen nicht.

Auch wenn es sich fantastisch anhört, worüber wir hier sprechen, ist die Wirklichkeit. Und es ist völlig gefahrlos, davon Gebrauch zu machen, außer dass es eintritt, was Sie so verursachen.

Die meisten Menschen können aber ihre Wünsche nicht realisieren, weil sie ihr Denken nicht beherrschen, weil sie nicht Meister ihrer Gedanken sind. Sie denken hin und her und zerstreuen so das Potenzial ihrer schöpferischen Gedanken, anstatt es konzentriert auf ein Ziel zu lenken und so zu erreichen, was immer sie wollen. Der Mensch hat gelernt, alles zu beherrschen, Elektrizität, Maschinen, Computer, das Größte wie das Kleinste, nur das Nächste nicht – sich selbst! Mit dem menschlichen Geist ist es aber wie mit einem Fallschirm, er nützt nur etwas, wenn er sich entfaltet! Wie aber wollen wir große Ziele erreichen, wenn wir uns nicht täglich selbst beweisen, dass uns dies mit kleinen Zielen mühelos gelingt? Unser Denkinstrument ist vergleichbar mit einem Muskel, der verkümmert, wenn man ihn nicht oder nicht richtig nutzt. Nur wenige aber nutzen ihr Denkinstrument optimal. Der Mensch sollte das Denken zur Kunst machen, denn es ist eine. Er sollte zum Meisterdenker werden, der auf der Leinwand seiner Imagination mit Entschlossenheit und meisterhaften Strichen das Kunstwerk seines Lebens schafft. Alle Macht ist dem Menschen durch richtiges Denken gegeben. Überlegen macht überlegen! Dabei ist die gründliche Vorbereitung einer Sache meist auch schon die Entscheidung. Jeder einzelne Gedanke verändert unser Schicksal, verursacht Erfolg oder Pech, Krankheit oder Gesundheit, Leid oder Glück. Wir sind hier, um zu lernen, möglichst optimal mit unserem Denkinstrument umzugehen. Wenn Sie Ihre Gedanken nicht beherrschen, ist niemand da, der das für Sie tun könnte.

Der Schlüssel zur Ordnung seiner Gedanken heißt Gedankendisziplin. Gedanken sind meist stumm und unsichtbar, und das verleitet zu glauben, dass sie auch unwirksam seien. Wir aber sollten unsere Gedanken so sorgfältig wählen wie unsere Worte – manche tun nicht einmal das – und ihnen nicht erlauben, loszuziehen und eine Zukunft zu verursachen, die wir nicht gewollt haben.

Erkennen wir, dass Denken das Schaffen einer Form ist, die vom Geist einmal ausgesandt sich in Materie kleidet, bis sie sich als Umstand oder Ereignis manifestiert.

Bei den Wurzeln beginnen, die Dinge in Ordnung zu bringen, aber bis zu den höchsten Spitzen gehen, denn dort sind die süßesten Früchte.

Gestalten Sie mental ein Geschehen, welches voraussetzt, dass Ihr Verlangen verwirklicht ist, und gestalten Sie eines, das eine Bewegung des Selbst einbezieht. Bringen Sie Ihr äußeres physisches Selbst zur Ruhe. Tun Sie gerade so, als wollten Sie ein Schläfchen machen, und beginnen Sie mit der vorher festgelegten Handlung in der Imagination. Eine lebhafte Darstellung der Handlung ist der erste Schritt dieser Handlung. Beim Einschlafen setzen Sie sich dann bewusst in die Szene hinein. Die Dauer des Schlafes ist nicht wichtig, ein kurzer

Schlummer genügt, aber dadurch, dass Sie das Geschehen mit in den Schlaf hineinnehmen, verdichtet sich Fantasie zu Wirklichkeit.

Den Seinen gibts der Herr im Schlaf.

Wie man sich Lösungen einfallen lässt

The more you can see of the future, the greater your chance of success.

1. Schritt

Ich mache mir die Tatsache bewusst, dass die Antwort auf meine Frage, die Lösung für meine Aufgabe, die richtige Entscheidung bereits existieren und nur darauf warten, dass ich bereit bin, sie in mein Bewusstsein treten zu lassen.

2. Schritt

Ich formuliere nun ganz präzise meine Frage und wiederhole mehrmals meinen Wunsch. Ich formuliere dabei so einfach wie eben möglich, aber unmissverständlich. Damit wähle ich aus den allumfassenden Möglichkeiten die Information aus, die ich derzeit brauche.

3. Schritt

Ich erfülle mein Bewusstsein mit dem Glauben, dass damit die Antwort mich sicher erreicht und ich sie auch wahrnehme. Dieser Glaube ist eine bestimmte energetische Schwingung, die unweigerlich das Geglaubte anzieht, aber auch nur das. Was ich nicht glauben kann, kann ich auch nicht wahrnehmen. Ich kann mich mit der Vorstellung erfüllen, dass mich die Antwort zu einer bestimmten Zeit erreicht, oder nach einem bestimmten Empfangsritual, z.B. am nächsten Morgen, sobald ich den ersten Schluck trinke. Oder sofort, sobald ich einen bestimmten Auslöser betätige. Ich schaffe mir dazu ein bestimmtes Empfangsritual und mache mich so empfangsbereit. Das Ganze kann ich abends vor dem Schlafengehen tun. Ich weiß, dass das Ergebnis als Bild, Stimme, Symbol, Gefühl, als innere Gewissheit in mein Bewusstsein treten kann. Auch als Idee, Impuls, Chance, Zufall usw. Ich mache mich also auf allen Frequenzen empfangsbereit oder bestimme eine bestimmte Frequenz, auf die ich mich einstelle.

Bescheidenheit ist die Kunst, andere so weit zu bringen, dass sie von selbst merken, wie bedeutend man ist!

Der Schritt zum wahren Erfolg

Der dreiundzwanzigste Schritt zum Erfolg heißt, sein Charisma zu entwickeln und wirken zu lassen. Charisma ist die Ausstrahlung eines Menschen und ausstrahlen kann nur etwas, das da ist, und was da sein könnte, ist das Wesen des Menschen, sein wahres Selbst. Die Ausstrahlung wird konzentriert, wenn sie sich in einer bestimmten Aufgabe, seiner Mission ausdrückt.

Das Wort Charisma ist griechisch und bezeichnet die Fähigkeit, die Aufmerksamkeit auf sich zu lenken, dort festzuhalten und Erfolg zu haben. Das Wort ist verwandt mit dem Wort „Charis", der Göttin des Geheimnisvollen und der Nächstenliebe. Wir sprechen von Charisma, wenn ein Mensch eine starke Ausstrahlung hat und damit auf die anderen anziehend wirkt. Charisma ist nicht an Alter, Geschlecht, Position oder Leistung gebunden. Es ist auch keine besondere Gabe, die ein freundliches Schicksal an wenige Auserwählte verschenkt, sondern kann von jedermann entwickelt werden und tritt ganz natürlich in Erscheinung, je mehr ich echt, ehrlich und authentisch bin, mit einem Wort, je mehr ich der bin, der ich in Wirklichkeit bin – ich selbst!

Ich habe viel Charisma, wenn ich ganz im Einklang mit mir selbst und dem Leben, das heißt auch dem Augenblick bin, wenn ich synchron mit dem Zeitstrom lebe. Wenn ich voll im Lebensfluss stehe, ganz in meiner Mitte bin. Wenn mein Bewusstsein ganz weit ist und damit viele erreicht. Ich habe kein Charisma, wenn ich ganz eng bin, wenn ich Angst habe, wenn ich mich nicht traue, ich selbst zu sein. Wenn ich voll bin mit Bildern, Programmen, Vorstellungen und mich dadurch vom Leben entferne, von dem, was jetzt ist. In dieser Enge hat mein Wesen und damit das Leben keinen Platz, sich zum Ausdruck zu bringen. Sobald ich mich wieder mit mir selbst identifiziere, wirkt mein ganzes Tun charismatisch. Ich sollte ganz im Hier und Jetzt leben und offen sein für die Qualität des Augenblicks und das, was jetzt zu tun ist. Dann fallen mir auch die günstigen Zufälle zu, Türen öffnen sich, die anderen verschlossen bleiben, weil das Leben sich selbst hilft, sich voll zum Ausdruck zu bringen. So habe ich auch in jedem Augenblick die Kraft, die erforderlich ist, das Notwendige zu tun. Das Leben kann mir aber diese Dinge nicht zufallen lassen, wenn ich gar nicht bin. Was nützt mir die ganze Fülle der Schöpfung, wenn ich nur ein Bewusstsein wie ein Fingerhut habe, um einzutauchen in einen Ozean an Erfüllung.

Zuerst muss ich also lernen, mich selbst als faszinierende Persönlichkeit zu betrachten, eigentlich zu erkennen, mich so anzunehmen, ja zu lieben, wie ich bin, aus der Erkenntnis heraus, dass ich von der

Schöpfung genau so gebraucht werde, dass das höchste Bewusstsein sich durch mich so zum Ausdruck bringen möchte, wie ich bin. Und nicht so, wie ich gern sein möchte. Nur so, wie ich bin, kann ich von meinem Platz aus den nächsten Schritt tun.

Erkenne dich also als die einzigartige Persönlichkeit, die du bist, voll von Tatkraft, Möglichkeiten und voller Liebe. Ja, Liebe ist dein wahres Wesen. Die natürliche Wirkung dieser einzigartigen Persönlichkeit, die du bist, ist die Ausstrahlung und Überzeugungskraft, die wir Charisma nennen. Charisma ist nichts anderes als die wahre Verwirklichung der wahren Persönlichkeit, des ICH BIN! Kein anderer hat deine Anlagen, Talente und Fähigkeiten – du bist wirklich einzigartig. Noch nie hat es bisher einen Menschen gegeben wie dich, und in alle Ewigkeit wird es nie mehr einen solchen Menschen geben. Du bist einzigartig, einmalig, faszinierend und du bist eins mit dem Einen. Aus dieser Einmaligkeit strahlst du Liebe, Selbstbewusstsein, Tatkraft und Hoffnung aus, bist den anderen Chance, ebenfalls zu sich selbst zu finden. Du bist ein lebender Beweis dafür, dass es möglich ist, jetzt und hier. Der Kontakt zu dir ist für jeden eine Freude und ein Gewinn. Und du weißt, dass du noch nie etwas falsch gemacht hast, auch wenn du es heute anders machen würdest, war es doch irgendwo wichtig und richtig. Du gibst einfach in jedem Augenblick dein Bestes und weißt daher, dass auch jetzt alles, was du tust, richtig und wichtig sein wird.

Aus diesem Selbstbewusstsein heraus gibst du auch niemandem mehr die Schuld für etwas, das dir widerfährt. Solange du noch den Dingen und Ereignissen die Schuld gibst, gibst du den Dingen und Ereignissen die Macht, über dich zu bestimmen. Das Zentrum der Macht aber liegt in dir, du bist der Herr der Dinge und Ereignisse, der Herr deines Schicksals und bestimmst alle Lebensumstände selbst, und natürlich trägst du allein die Verantwortung für alles, was dir widerfährt.

Aus diesem Selbstbewusstsein heraus weißt du in jedem Augenblick, was du willst und kannst die richtigen Entscheidungen treffen. Du bist dir in jedem Augenblick deines wahren Selbst bewusst und strahlst Ruhe und Überlegenheit aus, denn du weißt, dass alles dir nur dienen und helfen will. Du bist ein Gewinner, du kannst gar nicht verlieren. Und so findest du in jedem Augenblick die richtigen Freunde und Mitarbeiter. Nach dem Gesetz der Resonanz ziehst du alles und jeden an, der zu dir gehört, und lässt los, was nicht mehr wirklich zu dir gehört. Du gehst ohne Ballast frei durch dein Leben.

Durch dein Charisma werden die Menschen in deiner Umgebung von sich aus die Entscheidungen treffen, die dir helfen, deine Aufgabe zu erfüllen und dem Ganzen dienen. Der Mensch der Zukunft wird jetzt gebraucht.

Das Geheimnis des Reichtums

Deine inneren Bilder bestimmen dein Leben, du aber bestimmst deine inneren Bilder. Reich kann man nur innen sein, außen spiegelt sich nur die innere Wirklichkeit.

Welches Selbstwertgefühl habe ich? Habe ich ein positives Selbstbild? Selbstbewusstsein? Wie ist meine innere Einstellung zu Geld, Reichtum, Glück, Gesundheit, Beruf, Leben, Schicksal, Gott, meiner Aufgabe?

Welche Ursachen setze ich bewusst oder unbewusst dadurch? Wieder mental umerleben.

Also prüfe ich sorgfältig und arbeite regelmäßig mental – mit Erfolg.

Das Gesetz des Schicksals verwirklicht deine Gedankenbilder. Denkst du begrenzend und unglücklich, werden dich diese Gedanken mit absoluter Sicherheit in begrenzende und unglückliche Verhältnisse bringen.

Mit dem Gefäß deines Bewusstseins bestimmst du, wie viel du vom Leben, aus dem Ozean der Fülle nehmen kannst. Erweitere dein Bewusstsein und du erweiterst deine Möglichkeiten. Die Schöpfung will dich nicht begrenzen, sie gibt grenzenlos. Leben ist wie Wasser, es füllt die Form, die wir ihm geben.

Viele Reiche sind ganz einfache, unwissende Menschen, denn zum Reichtum braucht man keine Klugheit, man braucht nur einen tief in der Seele verwurzelten Glauben, reich zu sein, dann muss sich der Reichtum auch im Außen manifestieren.

Trachtet immer nur nach den himmlischen Schätzen, dann wird Euch alles andere von selbst zufallen.

Bei allem, was dir im Leben widerfährt, prüft dich das Leben nur, ob du im richtig gerichteten Bewusstsein bist, ob du das richtige innere Bild hast. Halte das innere Bild der Fülle, und du lebst in der Fülle.

Glauben ist Verursachen. Viele gute, fähige und fleißige Menschen rackern sich ein Leben lang ab und sterben arm. Jeder denkt sich sein Leben aus, bewusst oder unbewusst, und so lebt er es auch. Das Leben akzeptiert jedes Bild eines Schöpfers und sagt immer nur ja. Das Leben gibt dir, was immer du dir vorstellst. Und so schafft dein inneres Bild, deine innere Wirklichkeit die entsprechenden Lebensumstände.

Allmacht ist kein Geheimnis, sondern unser geistiges Erbe.

Kostolany sagt: Wer einen Tag jeden Monat wirklich nachdenkt, das heißt mental arbeitet, der verdient an diesem Tag mehr als mit den 29 Tagen Arbeit. Ich verdanke mein Vermögen der Tatsache, dass ich 29 Tage im Monat nachdenke und einen Tag arbeite.

Auch du bist ein Schöpfer und immer erfolgreich, du bist der Architekt deines Lebens, und deine inneren Bilder sind die Baupläne.

Gelassenheit kommt durch Loslassen

Gelassen sein heißt, die anderen und sich selbst so lassen können, wie sie sind – sich selbst annehmen, wie man ist.

Häufig wird Gelassenheit mit Lässigkeit oder gar Nachlässigkeit verwechselt. In Wirklichkeit kommt Gelassenheit aus der Ausgeglichenheit von Seele und Geist. Gelassenheit ist etwas Herrliches und der reinste Ausdruck seelischer Gesundheit. Sie wird bewundert und von den meisten Menschen ersehnt. Wer gelassen ist, hat eine hohe Stufe menschlichen Seins erreicht – ist seelisch unverwundbar geworden.

Gelassenheit hat auch nichts mit einem dicken Fell zu tun. Wer ein dickes Fell besitzt, ist nur dickhäutig und damit stumpf. Auch wer sich einredet, dass er über den Dingen steht, weil er Erfolg im Leben hat oder hohes Ansehen genießt, ist deshalb noch nicht gelassen. Diese zur Schau gestellte Scheingelassenheit bricht unter Belastungen schnell zusammen. Wahre Gelassenheit ist deshalb so selten, weil sie nicht durch einen Schnellkurs in Psychotechnik erworben werden kann, sondern nur durch eine Änderung meines Soseins. Gelassenheit stellt sich nicht von selbst ein, sondern ist ein Ausdruck geistig-seelischer Größe. Je mehr ich ich selbst bin, desto gelassener bin ich.

Wie aber werde ich ich selbst? Da ich selbst schon bin und schon immer war, brauche ich es nicht mehr zu werden, ich brauche nur zuzulassen, wirklich ich selbst zu sein. Das erreiche ich, indem ich alles loslasse, was nicht oder nicht mehr zu mir gehört. Indem ich so eins nach dem anderen loslasse, werde ich immer mehr ich selbst und damit immer gelassener, aber auch immer herzlicher. Ich brauche mich dann nicht mehr darum zu kümmern, ob etwas richtig oder falsch ist, sondern nur noch, ob es stimmt, ob es zu mir gehört, ob ich es jetzt so bin.

Materielle Gegebenheiten werden dann als gleichgültig angesehen und Belastungen als Aufgaben des Lebens freudig gelöst. Dieses Gelöstsein zeigt sich auch in dem Freisein von Muskelverspannungen und der auffallenden Grazie der Bewegungen. Man ist nicht mehr bereit, sich an Normen anzupassen oder an die Erwartungen der Gesellschaft, wenn sie nicht dem eigenen inneren Maßstab entsprechen. Aus diesem inneren Selbst-Bewusstsein tritt man der Umwelt aufgeschlossen und aktiv entgegen, aber immer freundlich und zuversichtlich. Wie eine Rose, die sich keine Gedanken über ihr Rosesein macht, sie ist einfach sie selbst. Ihr ist es gleich, ob die anderen sie begeistert bewundern oder achtlos an ihr vorübergehen, sie ist sich selbst genug.

Aus diesem Selbstbewusstsein entsteht Selbstsicherheit, die Freiheit von der Angst, dass andere etwas verurteilen könnten, was ich gerade tue oder für richtig halte.

Der Schwache will immer allen beweisen, wie stark er ist, um sich ruhig und sicher zu fühlen, und braucht hierzu die Bestätigung durch die anderen. Der Starke fühlt seinen innere Stärke. Er lebt sie und braucht hierzu keine äußeren Beweise. Der Selbstbewusste geht gelöst und leicht durch die Welt, angstfrei, aggressionsfrei, unbeschwert von der Vergangenheit und unbelastet von Zukunftssorgen in einem Zustand seelischer Leichtigkeit und Frische. Er lebt bewusst im Jetzt und Hier, erfüllt bewusst diesen Augenblick.

Der Sinn unseres Lebens und unser Seinsauftrag ist es, Vollkommenheit zu erreichen, da unser wahres Selbst bereits vollkommen ist und immer war, brauchen wir also Vollkommenheit weder zu erbitten noch zu erarbeiten. Man braucht sie nur zu erstreben und das loszulassen, was nicht wirklich zu uns gehört. Letztlich gilt es auch, den Eigenwillen loszulassen, denn nur so wird die Seele glücklich und wir leben selbstbewusst in der Glückseligkeit.

Sicherer Erfolg durch gründliche Vorbereitung

Optimieren Sie den ersten Eindruck, er dauert gerade nur 7 Sekunden.

Werden Sie eine gesunde Persönlichkeit. Das Zauberinstrument Stimme schulen und subcutan sprechen lernen. Wirklich zuhören und lesen lernen. Die Atmosphäre eines jeden Raumes bewusst gestalten lernen. Sein Leben wirklich führen. Die Macht der unwiderruflichen Entscheidung nutzen. Den Arbeitsplatz als Abenteuerspielplatz entdecken und nutzen, als Ort meiner Selbstfindung und Selbstverwirklichung.

Erfolg ist wichtig, nicht Perfektion. Konzentration ist alles loslassen bis auf das eine, das ich tue. Sein Denkinstrument beherrschen lernen. Vom linearen über das holistische zum universellen Denken kommen. Erkennen, dass Fehlschläge lehrreicher sind als Erfolge. Das Geheimnis vollkommener Gesundheit nutzen, Heilung ständig geschehen lassen.

Mental-Training erlernen und so Erfolg verursachen. Erfolgreich durch mentales Vorauserleben. Imagination als Tor zur Wirklichkeit nutzen. Imagination verbinden mit dem gewünschten Endzustand. Durch Imagination wird eine Möglichkeit zur Wirklichkeit. Realität hängt von der Intensität der Imagination ab. Erfolg durch angewandte Imagination im Voraus gestalten, erleben und vollziehen. Gewinnen Sie erst in Ihrer Fantasie. Durch angewandte Imagination wird Zukunft zur Gegenwart. Angewandte Imagination bestimmt den Zufall.

Die Energie des erfüllten Wunsches schaffen und halten. Den erwünschten Endzustand durch Identifikation in Besitz nehmen. Nicht optimale Situationen in regelmäßiger Tagesschau umerleben. Vom Ziel aus denken und handeln. Die Umstände gestalten, bevor sie eingetreten sind.

Entscheidungen nicht fällen, sondern treffen. Intuition als Weg zum Erfolg nutzen. Wahrnehmen lernen. Eine Lösung, bei der nicht alle gewinnen, ist keine Lösung. Das Geheimnis der Wandlung nutzen. Sie können aus allem einen Erfolg machen und jedes Spiel gewinnen. Jeden Misserfolg in einen Erfolg umwandeln. Erfolg ohne Erfüllung ist kein Erfolg. Kommen Sie vom Beruf über die Berufung zur Erfüllung.

Schaffen Sie sich Charisma und eine Erfolgsaura. Lassen Sie Erfolg ständig geschehen. Machen Sie sich bewusst, Sie sind einzigartig und faszinierend. Jeder Kontakt mit Ihnen sollte eine Freude und ein Gewinn sein. Die Karriereleiter führt nirgendwo hin – nur ans Ende. Sie sind das Ziel, es gibt kein anderes wirkliches Ziel. Wo immer Sie sind, Sie sind am Ziel. Also genießen Sie den Weg. Lebensqualität als Weg. Lernen Sie die Kunst des Genießens.

Grundschritte zum Erfolg

Wenn Sie sich entschieden haben, kann Sie nichts mehr aufhalten.

- Grundsätzliche Erkenntnisse. Jeder kann in jedem einzelnen Fall erfolgreich sein. Sie haben immer 100 Prozent Erfolg.
- Bewusstsein und Selbst-Identifikation. Ereignisse sind manifestierte Bewusstseins-Inhalte. Das Geheimnis der Unbesiegbarkeit.
- Glauben. Einem jeden geschieht nach seinem Glauben. Sie haben so viel Erfolg, Geld, Gesundheit, wie Ihr Glaube es zulässt.
- Intuition. Entscheidungen nicht fällen, sondern treffen. Wahrnehmend leben.
- Imagination. Durch Imagination wird Möglichkeit zur Realität.
- Die Gesetze des Denkens. Jeder Gedanke ist eine Ursache, kehrt zurück als Ereignis, Umstand, Situation.
- Opfer – Schöpfer. Wir sind Schöpfer aller Lebensumstände und leben wie Opfer.

- Freude – Erfolg – Erfüllung. Sich seine Wunsch-Biographie bewusst machen und verwirklichen. Nicht mehr für Geld arbeiten.
- Mental-Training. Die Energie des erfüllten Wunsches schaffen und erhalten. Jeder bekommt immer nur das, was er verursacht.
- Sich selbst lieben. Sie sind einzigartig und faszinierend. Jeder Kontakt mit Ihnen bringt Freude und Gewinn. Gelassen im Einklang mit sich selbst und dem Ganzen. Transformation zu sich selbst. Angekommen leben.

Das Märchen vom Bambus

Es war einmal ein wunderschöner Garten, mitten im Königreich. Dort stand ein alter Bambusbaum, unter dem der Herr zu sitzen pflegte. Er liebte diesen Baum. Jahr für Jahr wurde der Baum anmutiger. Eines Tages näherte sich der Herr nachdenklich dem Baum, verneigte sich und sagte: Bambus, ich brauche dich. Herr, ich bin bereit, gebrauche mich, wie du willst. Bambus, ich muss dich beschneiden. Mich, den schönsten Baum beschneiden, nein, nein, bitte nicht! Bambus, wenn ich dich nicht beschneide, kann ich dich nicht gebrauchen.

Im Garten wurde es still. Der Wind hielt den Atem an. Langsam beugte sich der Baum und flüsterte: Herr, tu mit mir, wie du willst, beschneide mich. Geliebter Bambus, ich muss aber auch deine Äste und Blätter beschneiden. Herr, bewahre mich, zerstöre meine Schönheit nicht. Wenn ich dich nicht beschneide, so kann ich dich nicht gebrauchen. Die Sonne versteckte ihr Gesicht. Leise sagte der Bambus: Herr, schlage sie ab. Mein Bambus, ich muss dir noch mehr antun. Ich muss deinen Stamm teilen. Sonst kann ich dich nicht gebrauchen. Da neigte der Baum sich zur Erde. Herr, schneide und teile.

So beschnitt der Herr des Gartens den Bambus, hieb seine Äste ab, streifte die Blätter ab, teilte ihn in zwei Teile, drang bis ins Mark. Dann trug er ihn dahin, wo schon aus einer frischen Quelle sprudelndes Wasser sprang, mitten in die trockenen Felder. Dort legte der Herr vorsichtig den geliebten Baum auf den Boden. Das eine Ende des abgeschlagenen Baumes verband er mit der Quelle, das andere führte er als Wasserrinne in das Feld. Die Quelle sang Willkommen, und das klare glitzernde Wasser schoss freudig durch den zerschlagenen Körper des Bambus in die Felder, die so dürr waren und nach Wasser dürsteten.

Dann wurde Reis gepflanzt und die Tage vergingen, die Saat ging auf und wuchs und die Erntezeit kam. So wurde der einst so herrliche Bambus zu einem großen Segen. Als er noch groß und schön war, wuchs er nur für sich selbst, aber als er sich hingegeben hatte, wurde er zum Kanal, den der Herr brauchte, um sein Land fruchtbar zu machen.

Stichwortverzeichnis

Z

LESERSERVICE

Prof. Kurt Tepperwein persönlich erleben:

Wünschen Sie tiefer in das Thema dieses Buches einzusteigen und die Chance zu nutzen, Prof. Kurt Tepperwein einmal live zu erleben?

Wir bieten Ihnen die folgenden Seminare und Ausbildungen an:
(Gewünschtes bitte ankreuzen!)

Seminare:

- ❑ Mentalkybernetik
- ❑ Heile dich selbst
- ❑ Perlen der Weisheit
- ❑ Erfolgreiche Praxisführung
- ❑ Erfolg-reich-sein
- ❑ Optimales Selbstmanagement
- ❑ Atman (Durchbruch zur Wirklichkeit)
- ❑ Der Tepperwein-Prozess
- ❑ Märchenhaft leben
- ❑ Ferienakademien

Ausbildungen:

- ❑ Dipl. Lebensberater
- ❑ Dipl. Bewusstseins-Trainer
- ❑ Dipl. Intuitions-Trainer
- ❑ Dipl. Seminarleiter

Heim-Studienlehrgänge:

- ❑ Dipl. Lebensberater
- ❑ Dipl. Intuitions-Trainer
- ❑ Dipl. Erfolgs-Trainer
- ❑ Dipl. Mental-Trainer
- ❑ Dipl. Seminarleiter
- ❑ Dipl. Mental-Gesundheitsberater

- ❑ Gesamtseminar- und Ausbildungsprogramm der IAW
- ❑ Neuheiten der Bücher, Audio- und Videoprogramme von Kurt Tepperwein

Dazu ein persönliches Geschenk:
❑ Die 20-seitige Broschüre „Praktisches Wissen kurz gefasst“
von Prof. K. Tepperwein

Sie erhalten Ihre gewünschten Informationen selbstverständlich kostenlos und unverbindlich bei:

Schweiz: Internationale Akademie der Wissenschaften (IAW)
St. Markusgasse 11, FL-9490 Vaduz
Tel. 00 4 23/2 33 12 12, Fax: 00 4 23/2 33 12 14

Deutschland: Tel. + Fax: 09 11/69 92 47 (Beratungssekretariat)